그를 기억하리라

이 소중한 책을

_____________________님께

드립니다.

기독교 장례 문화에 대하여

그를 기억하리라

부제 : 향유담은옥합

안양준 목사 지음

나침반

" 내가 진실로 너희에게 이르노니
온 천하에 어디서든지
이 복음이 전파되는 곳에서는
이 여자가 행한 일도 말하여
그를 기억하리라 하시니라"

– 마태복음 26:13

주님!
인간의 지혜로 마옵시고

오직
하나님의 뜻대로
하나님의 말씀대로
하나님의 명령대로
따르기를 원합니다.

인간의 모든 수고는
감춰지게 하옵시고

오직 주님의 영광만이
드러나길 원합니다.

끝까지
순종하게 하옵시고
끝까지
믿음으로 승리하게 하옵소서.

목차

프롤로그(prologue)

아름다운 행실을 말하여 기억하게 하라

✝

어느 누군가가 행한 일은 말을 통해, 아니면 글을 통해 뭇사람들의 기억 속에 남게 된다. 오늘을 살아가는 현대인들이 과거의 수많은 사건들을 기억할 수 있는 이유는 바로 그런 까닭이다.

인류 역사의 수많은 사건 중에서 사람들의 기억 속에 가장 크게 남아 있는 것은 무엇일까?

아마도 우리를 구원하시기 위해 이 땅에 오신, 우리의 죄를 대신하여 십자가에 달려 죽으신, 예수 그리스도 바로 그분에 대한 기억일 것이다. 그래서 지구촌 곳곳에서는 그분의 오심을 기념하며 해마다 크리스마스 축제를 벌이고 그분의 고난과 죽음, 부활을 기념하여 사순절과 고난 주간, 부활주일을 지키고 있다.

하지만 예수 그리스도께서 이 땅에 오셨을 때 별을 보고 찾아온 동방박사들과 천사의 말을 듣고 찾아왔던 목자들만이 주님의 탄생을 축하해 주었다. 그리고 주님이 인류의 구원을 위해, 십자가를 지시기 위해 골고다로 나아갈 때는 아무도 주님의 죽음에 대해 관심을 두지 않았다.

유일하게 단 한 사람,
예수님의 죽음을 준비하며
자신의 가장 값진 것을 드려
아름다운 향기를 드러냈던 여인

주님은 이 여인을 위해 "복음이 전해지는 곳마다 그녀의 아름다운 행실을 말하여 기억하게 하라"라고 말씀하셨다.

마리아라는 여인이 주님의 장례를 위해 나드 향유를 부어드렸던 것처럼 믿음을 지키며 끝까지 승리한 성도의 장례를 위해 나드 향유를 부어드림으로 아름다운 행실이 함께 한 모든 이들의 기억 속에 영원히 남을 수 있기를….

"아름답게 행한 일은 영원히 기억에 남습니다."

'성경적인 기독교 장례문화 정착을 위하여'

제임스 패커의 「하나님을 아는 지식」의 서문에는 기독교에 관심을 보이는 두 가지 유형의 사람들이 소개되어 있다.

한 유형은 발코니에 앉아 여행자들을 내려다보는 사람들이다. 이들은 여행자들과 이야기를 나누며 여러 문제에 대해 논할 수 있으며 여행자들에 대해 비판할 수도 있다. 하지만 그들은 구경꾼일 뿐이다.

다른 유형은 실제 여행하는 자들로 자신이 원하는 목적지를 향해 나아갈 때 부딪히는 모든 문제들을 실제로 체험하는 자들이다.

우리의 관심은 천국을 목적지로 삼은 여행자들에게 있다. 그들이 모든 여정을 마치고 천국의 플랫폼(platform)에 내려설 때 열렬히 응원하려는 의도로, 그리고 아직은 목적지에 이르지 못한 여행자들과의 만남을 통해 자신들이 걸어온 길과 아직은 남은 길에 대해 서로 이야기를 나누려는 의도로 이 글을 쓴다.

성도의 인생에서 가장 중요한 시점은 어느 때일까?

성도라면 누구나 주님께 쓰임 받던 아름다운 시절에 대한 값진 추억이 있을 것이다. 그때가 자신의 인생에서 가장 좋았던 시간으로 기억에 남겠지만 그럼에도 마지막이 비참한 엔딩(ending)일 경우도 있다.

누구나 아름다운 결말을 원하지만 그렇지 못한 경우를 성경을 통해 쉽게 찾아볼 수 있다. 그 한 예를 구약성경에 등장하는 발람을 통해 볼 수 있다.

"나는 의인의 죽음을 죽기 원하며 나의 종말이 그와 같기를 바라노라"
(민 23:10)

이 말씀은 발람의 신앙고백(?)처럼 느껴지기도 한다.

발람이라는 인물은 모압 왕 발락이 그를 향해 "그대가 복을 비는 자는 복을 받고 저주하는 자는 저주를 받을 줄을 내가 앎이니라"(민 22:6)라고 했던 것처럼 대단히 영험한 인물이었다. 그런 놀라운 능력을 지녔기에 발락 왕이 그에게 내건 조건도 대단한 것이었다.

“그대가 내게 말하는 것은 무엇이든지 시행하리니….”

자신이 다스리는 나라가 멸망의 위기에 처했을 때, 그 위기를 벗어날 수 있는 유일한 대안이라면 그 정도의 조건은 당연할 수 있다.

결국 자신의 종말이 의인의 죽음과 같기를 꿈꾸었던 발람의 마지막은 비참하고 초라한 죽음에 불과했음을 성경은 기록하고 있다(민 31:8 참조).

모압 왕이 제시한 물질의 유혹으로 인한 마음의 갈등을 이해하지 못하는 바는 아니다. 그보다 작은 유혹에도 갈등하다가 발람처럼 의인의 죽음을 꿈꾸었지만 비참하고 초라한 결말을 맞이하는 이들이 얼마나 많은가? 물론 물질의 유혹 외에도 여러 가지 이유로 자신의 신앙을 끝까지 지키지 못하는 이들이 수없이 많이 있음을 볼 수 있다.

그런데 모든 유혹을 이기고 끝까지 신앙으로 승리하고 천국을 향해 들어가는 성도의 마지막 과정으로서의 장례예식은 어떻게 치러야 할까?

"지금 이후로 주 안에서 죽는 자들은 복이 있도다"(계 14:13)

주 안에서 죽는 자들 즉 성도의 죽음은 그 자체가 복이다. 성경에서 말하는 성도의 죽음은 아름다운 천국을 향해 나아가는 통과의례(通過儀禮)에 불과하다. 그들은 끝까지 정조를 지키다가 신랑을 맞이하기 위해 나아가는 신부의 모습으로 어린 양의 혼인잔치에 참예하게 될 것이다.

꽤 오래된 일이지만 친구 아버지의 장례식에 화환을 보낸 적이 있다. 화환의 문구는 "아름다운 천국에서 영생을 누리소서"였다. 그런데 막상 장례식에 참석했을 때 그 내용이 사람들 눈에 가려져 있는 것을 보았다.

일반적으로 장례식 화환의 문구 대부분이 "삼가 조의를 표합니다"이다. 마치 그 외에 다른 문구는 없는 것처럼….

현재 우리나라에 기독교인의 숫자가 결코 작다고 할 수 없음에도 현실은 그렇다.

이 땅에서 열심히 신앙생활을 한 성도의 마지막 소망이 아름다운 천국에서 영생을 누리는 것 아닐까? 그런데 그 말이 사람들 앞에 드러내기조차 부끄러운 것일까?

장례 예식의 모든 절차를 담당하는 장례지도사를 위한 「표준교육교재」를 보면 〈그리스도교의 장례〉에 대해 이렇게 쓰여있다.

"그리스도인들에게 오는 죽음은 형벌의 죽음이 아니다. 예수 그리스도의 대속(代贖)의 공로에 의지하여 사죄 받은 그리스도인들에게 죄는 이미 무력하다. …그렇기 때문에 신자들에게 죽음은 천국으로 들어가는 관문이 된다. …그들에게는 부활과 영생의 소망이 있다. 그래서 그들은 죽음을 두려워하지 않고 긍정적으로 받아들인다. - 중략 -

장례는 운명한 시신의 수시에서부터 하관에 이르기까지의 모든 의식 절차가 목사(牧師)의 집례(執禮)에 의하여 행해진다. 운명을 하면 고인의 영혼을 하나님께 맡기는 뜻의 예배(禮拜)를 보며 찬송이 그치지 않게 한다. 장례식에는 분향을 하지 않고 헌화(獻花)를 한다. 곡을 하지도 않고 음식을 차리지도 않으며 절도 하지 않고 염습할 때 묶지도 않는다. 장례식 전날 염습(殮襲)을 하고 입관(入棺)하는데, 이때에도 반드시 목사의 집례 아래 예배를 본다."

성도가 임종할 경우 교회에서 입관예배나 발인예배, 하관예배를 집례하는 것이 당연하며 실제로 교회에서 모든 예배를 주관하는 것도 사실이다. 그런데 기독교 장례의 짧은 일정을 일선에서 진행하는 장례지도사의 관점에서 볼 때 뭔가 부족하다고 느끼는 이유는 무엇일까?

무엇이 문제냐고 반문할 수도 있겠지만 전체적인 과정을 지켜볼 때마다 약간의 아쉬움이 남을 수밖에 없었다.

분명 한국 기독교는 놀라운 성장을 거듭해왔고 일반인조차 기독교 장례에 관해 최대한 존중해 주는 풍토가 조성된 것이 사실이다. 하지만 현재 기독교 장례는 점점 더 고착화되어 생명력을 잃어가는 것도 사실이다.

바쁜 목회 일정에 만사를 제쳐두고 목회자가 장례식에만 집중하기 어려운 현실, 바쁜 일상에 쫓기는 성도들이 장례식에 충분한 시간을 할애하며 봉사하기 어려운 현실을 충분히 인정한다. 하지만 예배를 드리는 시간에 몰려왔다 식사 후 바쁘게 빠져나가는 모습을 바라볼 때 마음 한 구석이 허전해지는 느낌이다.

물론 기독교에 예배보다 중요한 것은 없다고 할 수 있겠지만 기독교 장례 문화라고 확실하게 제시할만한 성경적 근거가 부족한 것도 사실이다. 더구나 기독교에 대해 아무런 지식도 없음에도 기독교 상조라는 이름으로 다가서는 이들을 볼 때 성전에서 장사하는 이들을 향해 분노하셨던 주님의 모습이 떠오른다.

기독교 장례에서 무엇보다 기본이 되는 것은 '믿음'이다.

> "믿음이 없이는 하나님을 기쁘시게 하지 못하나니 하나님께 나아가는 자는 반드시 그가 계신 것과 또한 그가 자기를 찾는 자들에게 상 주시는 이심을 믿어야 할지니라"(히 11:6)

기독교 장례도 이 말씀에서 절대 벗어나지 않는다. 어떤 것보다 이 부분을 강조해야 하는 것이 기독교 장례라고 생각한다. 반드시 하나님이 계시다는 사실과 하나님은 자기를 찾는 자들에게 상 주시는 이시라는 사실을 전제로 기독교 장례는 진행되어야 한다.

> "표면적 유대인이 유대인이 아니요 표면적 육신의 할례가 할례가 아니니라 오직 이면적 유대인이 유대인이며 할례는 마음에 할지니 영에 있고 율법 조문에 있지 아니한 것이라 그 칭찬이 사람에게서가 아니요 다만 하나님에게서니라"(롬 2:28-29)

쉽게 표현하면 겉으로 드러나는 그리스도인이라고 다 그리스도인이 아니요, 겉으로 드러나기를 기독교 장례라고 해서 다 기독교 장례가 아니라는 것이다. 참된 믿음을 갖고 살다가 죽음을 맞이한 그리스도인을 위한 기독교 장례, 그리고 참된 믿음을 가진 그리스도인이 참된 믿음으로 진행하는, 이로 인해 하나님을 기쁘시게 해드리는 장례가 참된 기독교 장례라는 말이다.

그리고 믿음보다 소중한 것이 말씀이다.

기독교 장례도 역시 하나님의 말씀인 성경의 가르침대로 진행되어야 한다. 그런 까닭에 성경을 읽고 묵상하는 가운데 기독교 장례에서 모범으로 꼽을만한 사례를 찾을 수 있었다.

이 책을 쓴 목적은 성경을 읽다가 기독교 장례와 관련하여 감명 받았던 말씀들을 소개하며 참된 신앙의 사람들과 나누고 싶은 바람 때문이다.

민영규 님의 시 「떨리는 지남철」 중에 "여윈 바늘 끝이 떨고 있는 한 바늘이 가리키는 방향을 믿어도 좋습니다"라는 시구가 있다.

시인이 말하는 '떨림'을 신앙에 적용한다면 하나님이 인간에게 주신 양심, 그리고 성도들 마음속에 존재하는 주님을 향한 경외심이라고 해석하고 싶다.

나침반의 떨림이 목적지에 안전하게 이끌어주는 역할을 하는 것이라면, 성도들의 마음속에 존재하는 주님을 향한 경외심으로 삶 속에 늘 떨림이 있는 자들은 그로 인해 자신이 가고자 하는 온전한 목적지에 언젠가 이르게 될 것이라 생각한다.

그런 순수한 믿음을 가진 자들과 차 한 잔을 마시며 천국을 향하는 여정에서 겪었던 수많은 사건들, 어떤 길로 가고 어떻게 갈 것인지에 대해 이야기하고 싶다. 무엇보다 마지막을 아름답게 장식하기 위한 자신만의 노하우(knowhow)를 공유하며 편하게 이야기를 나누었으면 한다.

허울뿐인 기독교식 장례를 치른 후에 "그래도 구원받았으니 감사한 일"이라고 애써 변명하는 사람들을 보며 고인이 평생 소중하게 여겨왔던 기독교 신앙의 값어치가 일순간 전락하는 것처럼 느껴질 때가 있다. 모든 유혹을 이겨내고 신앙으로 승리하셨기에 가장 아름답게 장식해 드려야 할 마지막 순간을 마치 방향지시등 없는 횡단보도를 건너듯 급하게 마무리하는 어리석음을 범하지 않기를 바라는 마음으로 이 글을 쓴다.

- 천국을 향한 소망을 나누고 싶은

안양준 목사

기독교 장례
문화에 대하여

제1부

성경적 근거

본론에 들어가기에 앞서 내가 기독교 장례에 관심을 갖게 되고 이 길에 들어서기까지의 과정을 설명하고자 한다. 혹시라도 알지 못하는 누군가의 지난 삶에 관심이 없는 분이라면 바로 본론으로 들어가도 좋을 것이다. 마치 성경통독을 작심하였으나 첫 부분에 끝없이 이어지는 족보나 인명 때문에 포기하려는 마음이 들 때 그 부분을 건너뛰고 읽어나가는 편법(?-물론 성경에 대한 이해도가 커지면 달라지겠지만)을 동원하는 것처럼 말이다.

그래도 너그러운 마음으로 한 목사의 개인적 간증이라 생각하고 읽어주셨으면 하는 바람이다.

오랫동안 신앙생활을 하신 분들은 '레마'라는 단어의 의미를 아실 거라 생각한다. '로고스(λόγος)'와 '레마(ῥῆμα)'는 헬라어로 둘 다 '하나님의 말씀'을 가리키는 것이다.

이 둘의 차이점은 로고스는 성경에 기록된 하나님의 말씀 자체를, 레마는 그 말씀들 가운데 특별히 내 삶에 구체적으로 적용되는 말씀을 가리킨다. 그런 점에서 로고스가 객관적이고 이성적인 말씀이라면 레마는 주관적이요 감정적인 말씀이라고 할 수 있다.

성경 전체의 모든 말씀은 로고스다. 하지만 특별히 내게 다가온, 그래서 나의 삶에 특별한 영향을 미치는 말씀을 레마라고 한다.

나는 27세, 협성신학대학원 1학년 재학 중 선배의 소개로 첫 목회의 길에 들어섰다.

강원도 평창군 면온리, 지금은 휘닉스파크 스키장이 들어서 있는 그곳에 드라마 〈가을 동화〉의 촬영 장소로도 사용되었던 예쁘장한 면온 감리교회가 있다. 당시에는 스키장 건립을 위해 마을 사람들 대부분이 이미 땅을 판 상태였기에 그나마 얼마 되지 않는 교인들도 모두 이사를 떠난 직후였다.

면온은 유난히 눈이 많이 내리는 곳이었다. 나는 1월 중순에 도착했는데 일주일 동안 쉬지 않고 눈이 내렸다.

신학 동기인 전임자는 매월 25만 원의 사례비를 받았지만 내가 도착했을 때 재정장부에 남은 돈이 하나도 없었다.

교회 임원들과 인사를 나누었는데 그분들이 바라는 것은 단 하나, 그저 오래만 있어 달라는 것이었다. 그도 그럴 것이 교회가 세워진 지 15년이 되었는데 9대 목회자였으니 그들로서는 당연한 바람이었을 것이다.

그때 하나님께서 내게 주신 말씀 즉 내게 주어진 '레마'의 말씀이 있었다.

> "야곱이 라헬을 위하여 칠년 동안 라반을 봉사하였으나 그를 연애하는 까닭에 칠년을 수일 같이 여겼더라"(창 29:20)
>
> (그때는 개역 한글 성경이었기에 있는 그대로를 인용하였다.)

야곱이 첫눈에 반했던 여인 라헬을 자신의 아내로 삼기 위해 7년을 무급(無給)으로 일했지만 그녀를 연애한 까닭에 7년이 수일같이 여겨졌다는 말씀이다.

이 말씀을 읽는 순간 엄청난 충격을 받았다.

평소 같으면 눈길조차 주지 않았을 구절이 계속해서 머

릿속을 맴돌았다. 성도들을 만나는 주일까지 그 말씀을 수도 없이 되뇌며 기다렸다. 첫인사를 하며 성도들에게 "7년을 함께 하겠다"라고 약속하였다.

그리고 하나님께 야곱이 라헬을 연애했던 심정으로 성도들을 사랑할 수 있게 해 달라고, 그래서 7년이 수일같이 여겨질 수 있게 해달라고 기도했다. 뒤돌아보면 7년이라는 세월이 정말 수일처럼 여겨졌다.

재무부장 집사님을 만나 사례비를 매월 5만 원으로 책정하고, 매년 5만 원씩 올리는 조건을 제시했다. 7년째 되던 해에는 사례비가 30만 원까지 올랐고 내게 책정된 비용이 적어서인지 교회 재정도 조금은 여유로워 매년 남는 돈으로 교회에 필요한 물품을 구입하거나 작은 공사를 할 수 있었다.

먼저 중·고등부에 대해 이야기하겠다.

스펀지 감수성을 지닌 청소년기의 아이들이 새로운 전도사가 왔다는 소식에 호기심으로 교회를 기웃거렸다.

당시에는 교회마다 수련회가 인기였다. 중·고등부 학생들에게 "여름방학 때 수련회를 갈까?"라고 제안하자 여섯 명의 아이들이 가겠다고 했다.

그래서 경기도 대성리에 소재한 '믿음의 집'으로 수련회를 가기로 했다. 4박 5일간 필요한 개인 소지품에 이불까지 무거운 짐을 들고 면온에서 장평으로, 장평에서 원주로, 원주에서 춘천으로, 춘천에서 대성리로 버스를 네 번이나 갈아탔다. 대성리에 내려서는 걸어서 '믿음의 집'에 힘들게 도착했다.

그런데 한 번도 집 밖을 나가본 적 없는 숙맥들이라 적응을 못하고 껌딱지처럼 붙어서 떨어지지 않았다. 그러던 아이들이 집회에 몇 번 참석한 후에는 신앙에 대한 열정이 불타오르며 씩씩하게 변화되어 가는 모습을 지켜보며 너무도 대견스러웠다.

2년째 되던 해 이웃 교회에서 쓰던 승합차를 70만 원에 구입했다. 면온은 아이들 통학에 맞춰 아침과 저녁에 한 번씩 버스가 들어왔다. 때문에 장을 보러 가는 주민들이 늘 불편했는데 교회에 차가 생겼으니 '도움이 되지 않을까'하고 바라는 분들이 생겼다.

주민들이 교인들을 통해 그런 뜻을 전해 왔고 한두 번 부탁을 들어주다 보니 그분들은 5일에 한 번 장에 가지만 나는 봉평장, 대화장, 평창장, 진부장 거의 매일 장을 오가는 마을버스 기사 수준이 되었다.

덕분에 매일 짜장면을 얻어먹고 기다리는 시간에 독서를 실컷 하고 돌아오는 길에는 구입한 음식을 조금씩 나눠주어 집안에 먹을 것이 떨어지지 않았다.

한 번은 이찬화 집사님이 아침 일찍 찾아와 이렇게 묻는다.

"목사님! 도대체 중앙산이 어디 있는데 거길 넘다가 사람들이 그렇게 많이 죽는데요?"
"집사님! 서울 가는 길에 중앙산이 있는데 너무 험해서 사람들이 넘어가다가 많이 죽어요."

중앙선을 중앙산으로 잘못 들은 집사님께 복잡하게 설명드리기 어려워 그렇게 넘어갔지만 한 편으로는 우습기도 하고 한 편으로 미안한 마음이 들기도 했다.

이찬화 집사님은 당시 72세였는데 동네에서 욕쟁이로 소문난 분이셨다. 그런데 믿음이 너무 좋아 새벽 기도에 한 번도 빠진 적이 없고, 교회에서 주택까지 거리가 꽤 먼데도 눈이 올 때마다 도맡아 치우던 분이었다.

당시 이 집사님을 보며 나는 이렇게 생각했다.

"이런 분이 믿음이 없었다면 어떻게 살아갈까? 배운 것도 없고, 가진 것도 없어 혼자 외롭게 살아가며 동네 사람들과 툭하면 부딪히지만 믿음이 있기에 구원받을 수 있다는 것, 세상에 배운 자·부자·권력자도 누릴 수 없는 천국에 대한 소망을 갖고 살아갈 수 있다는 것, 이것이 복음이지 다른 게 복음인가?"

처음 대심방 때 이찬화 집사님 집에 갔는데 오래된 재래식 부엌에 눈이 어두워 밥 한 그릇에서 도대체 머리카락이 몇 개가 나오던지…. 정성껏 준비하신 음식인데 간신히 먹고 돌아와서 어떤 음식이든 기쁜 마음으로 잘 먹을 수 있게 해 달라고 하나님께 간절히(?) 기도했다.

그 후로는 어떤 음식을 먹어도 맛있었다. 그래서 성도들로부터 "우리 전도사님은 어떤 음식이든 가리지 않고 너무 잘 드신다"라는 칭찬을 들었다. 어떤 분들은 미련한 짓이라 여기겠지만 나는 그저 감사할 따름이었다.

목사 안수를 받던 해 1월 1일부터 40일간 금식 기도를 했는데 이상하게 반년 전부터 사람들 앞에서 자꾸 금식을 하겠다는 말을 하게 되었다. 하나님께서 그런 마음을 주신 것이라 생각한다.

어떤 분들은 금식을 할 때 거창한 기도 제목을 갖고 하지만 나는 부족한 자를 하나님의 종으로 사용해 주신 것이 너무 감사해서 이렇게라도 하지 않으면 갚을 수 없을 것 같아 그런 마음으로 기도한 것뿐이다.

면온에는 중·고등학교가 없어 매일 버스를 타고 봉평으로 가는데 토요일 오후가 되면 버스에서 내리는 학생들 중 대부분이 교회를 향해 일렬로 걸어오는 모습을 볼 때 얼마나 흐뭇했는지 모른다.

매주 화요일에 학교 앞에서 기다렸다가 수업이 끝난 아이들을 차에 태워 서울 삼각산에 가서 기도를 하고 새벽 3시에 다시 차에 태워 등교 시간에 맞춰 학교에 내려 주는 일을 계속했다. 그리고 금요일에는 성도들과 가까운 청태산 휴양림에 가서 기도를 하다가 교회로 돌아와서 새벽 기도를 마친 후 집 앞에 내려주었다.

하루는 하면온에서 유명한 세 명의 주당이 담배 여섯 갑, 소주 됫병(1.8L) 6병을 앞에 놓고 그걸 다 먹은 후 술, 담배를 끊고 교회에 나가겠다며 모였다는 이야기가 들려왔다. 그 말을 듣고 반신반의했는데 주일에 세 분 모두 교회에 나오셨다. 그리고 다시는 술·담배를 안 하고 열심히 신앙생활을 하셨다.

그중 한 분이 돌아가신 권사님의 아들인데 술을 먹고 고속도로변을 걸어서 집으로 오다가 교통사고로 변을 당하신 분이다.

한 번은 권사님이 새벽에 기도하러 교회에 오시다가 넘어져 집에 한 달 가량을 누우셨는데 며느리가 "우리가 번 돈을 교회에 갖다 바치니 귀에 뜨거운 물을 확 부었으면 좋겠다"라고 했다고 한다.

권사님이 돌아가시기 1주일 전쯤 하늘을 바라보시며 내게 "하나님이 부르신다"라고 하셨다. 그렇게 권사님이 돌아가신 후 교회장으로 하겠다고 말할 엄두가 나지 않아 쭈뼛거리며 뒤치다꺼리만 했었는데 그런 술꾼 아들이 교회에 나온 것이다. 그리고 얼마나 열심인지 성경책이 손에서 떨어지질 않았다. 그러다가 나중에는 사납기로 유명한 권사님 며느리까지 교회에 나오게 되었다.

또 한 번은 마을 사람들이 수확한 옥수수를 팔아주기 위해 금식이 끝난지 오래지 않은 몸으로 서울 망우리에 소재한 금란교회의 김홍도 목사님을 찾아갔다. 해골 같은 몰골로 찾아간 탓에 감동을 받으셨는지 1부에서 6부까지 예배 때마다 목사님이 직접 성도들에게 옥수수 광고를 하셨다고 한다.

그런데 그해는 옥수수가 평년과 달리 삶아도 무르지 않고 삶은 것을 불에 구워도 딱딱해서 먹기가 어려웠다. 5톤 트럭을 빌려 직접 운전해 금란교회까지 배달했었는데 이 말을 듣고 몹시 난감했다. 그래서 사과드리기 위해 찾아갔더니 총 여선교회 회장님이 "목사님께는 제가 잘 말씀드릴 테니 그냥 돌아가세요"라고 하셨다.

그렇게 돌아오는데 망우리 5차선 도로 중간에서 차가 라디에이터 열 때문에 뜨거운 물이 터지는 바람에 옷이 다 젖었지만 견인차를 부를만한 여유가 없어 비상등을 켜고 삼각대를 설치하고, 식을 때까지 기다리는 동안 주위에서 찬물을 구해 라디에이터에 부어 다시 차를 타고 올 수 있었다. 돌아오는 길에 다섯 달란트 받은 자나 두 달란트 받은 자가 열심히 충성했을 때 토씨 하나 틀리지 않게 주님께서 동일한 칭찬을 하셨던 것을 생각하며 스스로 위로받기도 했다.

이런 우여곡절을 겪으면서 옥수수 1포대(자루)에 100개씩, 개당 100원꼴로 500포대를 팔았다. 금란교회에서는

500만 원을 통장에 바로 입금시켜 주었다. 당시로서는 이례적인 일이었다. 그 일이 계기가 되었는지 동네에서 두 번째 술꾼으로 꼽히는 이무한 씨가 교회에 나오게 되었다.

그리고 세 번째로 교회에 나오게 된 인물이 재무부장 마상옥 집사님이다. 교회에서는 기둥(야긴과 보아스, 왕상 7:21) 같은 존재이지만 술꾼으로도 유명했던 집사님이 그날 이후 술, 담배를 완전히 끊어버린 것이다.

이렇게 세 술꾼의 변화는 면온에 두고두고 기억될 사건으로 남게 되었다.

교회 주택에는 항상 사람들이 넘쳤다.

유치원에 들어갈 나이도 안 된 명선이가 아침 일찍 주택을 향해 올라오고, 그 뒤를 이어 80세가 넘은 김남수 할머니와 이찬화, 최광수 집사님이 올라오신다. 오래 있은 탓에 정이 들어 성도뿐 아니라 아무 집이나 편하게 들어가서 밥을 얻어먹을 수 있을 정도가 되었다.

면온은 1980년대 초 안성기 씨와 정윤희 씨가 주연을 맡았던 영화 〈안개마을〉과 같이 혈연 집단을 이루고 사방

이 막혀있는 탓에 족보가 복잡하여 마을 사람 대부분이 친가나 외가 모두에 친척이 되는 마을이었다.

초등학교 5학년 여학생 둘이 6학년 오빠 하나를 짝사랑해 삼각관계가 되어 한 아이가 찾아와 상대에 대해 욕을 하고 다른 아이도 찾아와 욕을 하고…. 어쨌든 벽에 이야기하는 것보다는 낫다고 생각하는지 마을 사람들이 찾아와 잡다한 이야기들을 하곤 하였다.

돈도 아니고 성냥개비를 갖고 고스톱을 치면서도 툭하면 싸움으로 번지는 할머니들. 작은 동네지만 초등학교 교장 선생님이나 우체국장님, 보건소장님, 마을 이장님이 교회에 다니다 보니 나이가 어림에도 늘 어른 대접을 해주셨지만 성경대로 상석에 앉으려 하지는 않았다.

끝까지 잊을 수 없는 사람들…. 늘 묵묵히 교회 청소를 하던 청년 김금선, 중·고등학생이면서 교회학교 교사로 열심히 봉사했던 김경숙, 윤정희, 추금녀, 황지현 등.

그렇게 7년의 농촌 목회의 시간이 지나갔다. 다른 이들에게는 관심의 영역이 아니겠지만 내게는 한 편의 연애소설과 같은, 너무나도 꿈같았던 7년의 세월이 마치 수일처럼 빠르게 지나가 버렸다.

아마도 나와 비슷한 시기에 신앙생활을 하신 분이라면 당시 한국교회의 부흥을 경험했을 것이다. 그리고 개인적으로는 나와 비슷한 종류의 아름다운 신앙의 추억들을 간직하고 있으리라 생각한다.

5만 번 기도의 응답을 받은 조지 뮬러가 받은 레마는 무엇일까?

"그의 거룩한 처소에 계신 하나님은 고아의 아버지시며 과부의 재판장이시라"(시 68:5)는 말씀이다.

성경을 읽으면서 무심코 지나칠 수 있는 구절이지만 "하나님이 고아의 아버지 시라"라는 말씀을 읽는 순간 하나님이 아버지라면 당연히 자식들을 돌봐주실 것이라는 믿음을 가지고 고아들을 돌보기 시작한 것이다. 그렇게 해서 15만 명이라는 엄청난 수의 고아들을 도울 수 있었다.

성경에 기록된 수많은 하나님의 말씀 중 하나라도 내게 주신 말씀 즉 레마로 받아들일 경우 삶 속에 이런 놀라운 역사가 일어나게 된다.

"야곱이 라헬을 위하여 칠년 동안 라반을 봉사하였으나 그를 연애하는 까닭에 칠년을 수일 같이 여겼더라."

성경 66권 중 짧은 이 한 구절이 레마로 다가온 순간 그 말씀이 나에게 어떻게 역사하셨는가를 말씀드리기 위해 면온에서 있었던 일들을 이야기하였다. 그리고 이어서 기독교 장례에 대해 레마로 받아들인 말씀들을 이야기하고자 한다.

1. 요단강 도하

기독교 장례에 대하여 하나님께서 내게 주신 첫 번째 말씀 즉 레마는 이스라엘 백성의 '요단강 도하(渡河)'에 관한 것이다.

출애굽 이후 이스라엘 백성이 40년의 광야생활을 한 것은 신약시대 성도들을 향한 또 하나의 예표라고 할 수 있다. 즉 이스라엘 백성의 광야 40년 생활은 애굽에서 해방된 이스라엘 백성들이 요단강을 건너 가나안에 이르기까지, 신약의 관점으로 본다면 죄악에서 구원받은 성도들이 죽음 이후 천국에 들어가기까지의 이 땅에서의 생활을 상징하는 것이다.

이를 쉽게 설명하기 위해 양승훈 교수가 쓴 「기독교적 세계관」이라는 책의 내용을 간단히 소개하고자 한다.

그리스도인의 삶은 이스라엘 민족의 출애굽 사건에 비교할 때 네 가지 단계의 영적 측면으로 나눌 수 있는데 첫째 단계는 애굽에서의 삶, 즉 구원받기 전 세상에서의 삶이다. 두 번째 단계는 구원으로 홍해를 건너는 것, 기독교적으로 표현하면 세례 즉 거듭남을 의미한다. 세 번째 단계는 광야 생활, 즉 구원받은 후 이 땅에서의 삶이다. 광야는 영원히 머물 장소가 아니다. 마지막 네 번째 단계는 요단강을 건너 가나안에서의 삶, 다시 말해 죽음 이후 천국에서의 삶이다.

대부분 교회가 관심을 갖는 부분은 구원에 있다. 물론 구원이 강조되는 것이 당연하지만 이후의 광야 생활을 무시할 수는 없다. 구원은 순간적이지만 천국에 가기까지의 여정은 멀고도 험하다는 사실을 직시해야만 한다.

우리의 관심은 네 번째 단계인 요단강을 건너 가나안을 향하는 즉 이 땅에서의 삶을 마치고 천국을 향해 나아가는 것이다.

출애굽 한 이스라엘 백성들 모두 가나안에 들어갔는가? 그렇지 않다. 여호수아와 갈렙을 제외한 나머지 이스라엘 백성(당시 성년이 되지 않은 자들을 제외한)은 단 한 사람도 가나안에 들어가지 못했다.

그 이유에 대해서는 민수기 13-14장에서 자세하게 기록하고 있다.

"여호와께서 모세에게 말씀하여 이르시되 사람을 보내어 내가 이스라엘 자손에게 주는 가나안 땅을 정탐하게 하되 그들의 조상의 가문 각 지파 중에서 지휘관 된 자 한 사람씩 보내라"(민 13:1-2)

그런데 똑같은 사건을 신명기에는 이렇게 기록하고 있다.

"여호와께서 우리에게 주신 아모리 족속의 산지에 너희가 이르렀나니 … 여호와께서 이 땅을 너희 앞에 두셨은즉 … 여호와께서 너희에게 이르신 대로 올라가서 차지하라 두려워하지 말라 … 한즉 너희가 다 내 앞으로 나아와 말하기를 우리가 사람을 … 보내어 우리를 위하여 그 땅을 정탐하고 어느 길로 올라가야 할 것과 어느 성읍으로 들어가야 할 것을 우리에게 알리게 하자 하기에…"(신 1:20-22)

민수기와 신명기의 기록 중 어느 것이 사실인가?

성경을 읽으면서 자주 부딪히는 문제는 똑같은 사건을 놓고도 각기 다르게 기술되는 경우이다.

그런데 이런 문제는 오늘날도 마찬가지다. 똑같은 사건을 다루는 뉴스가 방송사에 따라, 취재한 기자에 따라 달라지는 경우를 종종 경험한다. 같은 사건이라도 어떤 시각에서 보느냐에 따라 현저한 차이를 나타내는 경우가 다반사인 까닭이다.

민수기와 신명기의 기록을 자세히 살펴보면 진위(眞僞)의 여부가 아니라 순서상의 문제일 뿐이라는 점을 확인할 수 있다. 즉 신명기의 사건이 있기 이전에 민수기의 사건이 있었던 것이다.

이스라엘 백성이 아모리 산지(바란 광야)에 이르렀을 때 하나님께서 그들을 향해 "가나안에 올라가서 차지하라. 두려워하지 말고 주저하지 말라"라고 하셨다. 그 이유는 하나님께서 그들의 조상 때부터 가나안을 주시기로 약속하셨기 때문이다.

창세기를 보면 야곱이 죽었을 때 애굽에서 그 먼 가나안 땅(마므레 앞 막벨라 굴)까지 가서 장사를 지내는 것과 요셉이 죽을 때 유언하기를 자신을 가나안 땅에 장사 지내주기를 부탁하는 것을 볼 수 있다.

"요셉이 그의 형제들에게 이르되 나는 죽을 것이나 하나님이 당신들을 돌보시고 당신들을 이 땅에서 인도하여 내사 아브라함과 이삭과 야곱에게 맹세하신 땅에 이르게 하시리라 하고 요셉이 또 이스라엘 자손에게 맹세시켜 이르기를 하나님이 반드시 당신들을 돌보시리니 당신들은 여기서 내 해골을 메고 올라가겠다 하라 하였더라 요셉이 백십 세에 죽으매 그들이 그의 몸에 향 재료를 넣고 애굽에서 입관하였더라"(창 50:24-26)

창세기는 요셉이 죽은 후 그를 입관하는 것으로 끝을 맺는다.

요셉은 분명하게 "나는 죽을 것이나 하나님이 당신들을 인도하여 아브라함과 이삭과 야곱에게 맹세하신 땅에 이르게 하시리라"라고 하였다.

요셉이 말한 '아브라함과 이삭과 야곱에게 맹세하신 땅'이 가나안이다.

요셉이 죽고 이 약속이 시행되기까지 거의 400여 년이란 긴 세월이 지난 후 이스라엘 백성이 가나안 땅 가까이에 이르렀을 때 하나님께서 그 약속에 대해 재차 확인하신 것이다.

가나안은 그들의 조상, 아브라함 때부터 그리고 이삭과 야곱에게 계속해서 주시기로 약속하셨던 땅이다.

그 약속을 믿고 올라가면 되기에 "두려워하지 말라"라고 말씀하신 것이다. 그런데 믿음이 약한 이스라엘 백성이 모세에게 나아와 타협안을 제시한 것이다.

"너희가 다 내 앞으로 나아와 말하기를 우리가 사람을 우리보다 먼저 보내어 우리를 위하여 그 땅을 정탐하고 어느 길로 올라가야 할 것과 어느 성읍으로 들어가야 할 것을 우리에게 알리게 하자 하기에"(신 1:22)

인간적으로 보면 대단히 지혜로운 의견일 수도 있다. 그런 면에서 너무 지혜로운 사람은 믿음이 적을 수밖에 없다는 생각이 들기도 한다.

이러한 과정을 겪은 후에 민수기에 기록된 것처럼 이스라엘 각 지파 중 지휘관 한 사람씩을 보내어 가나안 땅을 정탐하게 하라는 명령을 내리신 것이다.

성경은 하나님을 신실하신 분이라고 소개하고 있다. 신실한 약속은 중간에 변동 사항이 있어서는 안 된다.

하지만 이스라엘 백성은 약속에 대한 확신이 없어 자신들에게 유리해 보이는 부분을 첨가했다. 물론 하나님이 이를 수용하셨지만 약속을 이행하는 중간에 얄팍한 계산이 삽입되는 경우 대부분 결과가 좋지 않음을 알게 된다.

이후 사건이 어떻게 전개되었는가?

40일의 시간이 지난 후 열두 명의 정탐꾼들이 돌아와 보고할 때 가나안 땅이 '젖과 꿀이 흐르는 땅'이라는 점에는 하나같이 의견 일치를 보았다. 하지만 다수에 속하는 열 명의 정탐꾼들은 가나안 정복에 대해 부정적으로 보고했다.

다수결의 원칙은 민주주의의 근간이라 할 수 있다.

사람이 세상을 살아가는 방식 중 가장 일반적인 것은 많은 사람이 살아가는 모습을 따라가는 것이다. 다른 사람이 무슨 옷을 입는지, 어떤 음식을 먹는지 등 선택의 기준을 다른 사람들의 결정에 따르는 경우가 많다.

하지만 성경은 다수결의 원칙이 반드시 성공적인 삶으로 이끌어주는 것은 아니라는 사실을 가르쳐준다. 오히려 다수결의 원칙이 이 방식을 따르는 많은 사람을 깊고 어두운 수렁에 빠뜨릴 수 있음을 보여준다.

이로 인해 이스라엘 백성 전체가 낙심하고, 밤새 통곡하며 모세와 아론을 원망하고, 심지어 여호와를 향해 불평을 쏟아 놓았다.

이런 광경을 바라보며 열두 명의 정탐꾼 중 열 명을 제외한 나머지 두 사람 즉 믿음의 사람 여호수아와 갈렙이 옷을 찢으며 "여호와께서 우리를 기뻐하시면 우리를 그 땅으로 인도하여 들이시고 그 땅을 우리에게 주시리라 이는 과연 젖과 꿀이 흐르는 땅이니라 다만 여호와를 거역하지는 말라 또 그 땅 백성을 두려워하지 말라 그들은 우리의 먹이라 그들의 보호자는 그들에게서 떠났고 여호와는 우리와 함께 하시느니라 그들을 두려워하지 말라"(민 14:8-9)라고 강변하지만 오히려 그들을 돌로 치려고까지 한다.

이러한 일련의 과정으로 인해 하나님께서 이스라엘 백성의 불신앙에 대해 진노하시고 여호수아와 갈렙을 제외한 이스라엘 백성 중 20세 이상된 자들이 광야에서 모두 엎드려진 후에야 가나안에 들어가게 하겠다고 하셨다.

그 세월이 40년, 정확하게 말하면 가나안 땅을 정탐한 날의 숫자인 40일을 하루를 일 년으로 환산하여 40년이 된 것이다.

"너희는 그 땅을 정탐한 날 수인 사십 일의 하루를 일 년으로 쳐서 그 사십 년간 너희의 죄악을 담당할지니 너희는 그제서야 내가 싫어하면 어떻게 되는지를 알리라 하셨다 하라"(민 14:34)

하나님이 싫어하시면 어떻게 될까?

하나님께서는 분명히 이스라엘 백성에게 가나안 땅을 주시기로 약속하셨다. 그래서 가나안을 '약속의 땅'이라

하신 것이다. 하지만 하나님의 약속을 믿지 아니한 자들에게는 상황이 달라질 수밖에 없다. 약속은 쌍방 계약이다. 절대 일방통행일 수 없다.

성경은 약속의 책이다.

그래서 오래된 약속을 구약이라 하고 새로운 약속을 신약이라 한다. 아주 쉬운 예를 들면 "믿으면 구원을 얻는다"라는 말씀은 하나님께서 우리에게 주신 약속이다.

약속은 쌍방 계약이니 인간의 편에서 지켜야 할 사항은 무엇인가? '믿으면'이라는 전제이다. 그러면 하나님 편에서는 구원을 주신다는 것, 그래서 믿는 자들이 구원을 얻는 것, 이것이 약속이다.

성경은 이러한 약속들이 수도 없이 많이 기록되어 있다.

어떻게 하면 복을 받을 것인지….
어떻게 하면 장수할 수 있는지….

물론 그런 것에만 귀가 솔깃해지는 건 약간의 문제가 있지만 어쨌든 사람들의 관심은 그런 것에 있다. 더구나 어떻게 하면 부자가 될 것인가에 대한 약속까지 있다면 금상첨화(錦上添花)가 아닐까?

성경에 부자가 되는 경우가 간혹 있지만 그런 경우에도 부(富) 자체가 목적이 되는 경우는 없다. 더구나 부자가 되고자 하는 마음은 위험 요소가 훨씬 많다는 것을 성경은 경고한다.

이렇게 출애굽 이후 가나안에 들어가기까지 40년의 세월은 실제적인 시간이기도 하지만 또 다른 점에서 상징적인 의미가 있다.

성경에 등장하는 숫자들의 상징적인 의미로는 다음과 같은 것들이 있다.

먼저 '3'은 '하늘의 수'(성부, 성자, 성령), '4'는 '땅의 수'(동, 서, 남, 북), '3+4=7'(하늘과 땅을 더한 완전수), '3×4=12'(하늘과 땅을 곱한 완전수), '10'은 '만(滿) 수, 꽉 찬 수', '144'는 12×12로 완전수, '$144 \times 10^3 = 144,000$'(완전수와 만수가 곱해진 구원 받을 자의 상징수), '7-1-6'(완전수에서 하나가 부족한 사탄의 수), 그런 점에서 40(4×10)은 땅의 수와 만수가 곱해진, 이 땅에서의 꽉 찬 수를 상징한다.

즉 천국을 예표하는 가나안에 들어가기까지 40년의 광야생활은 하나님의 섭리 안에서 계획된 시간으로, 모든 사람이 가나안에 들어가는 것이 아니라 믿음의 사람들만 들어갈 수 있음을 가르쳐주고 있다.

그리고 가나안에 들어가기 전 반드시 건너야 할 코스가 요단강이다. 신약시대에 와서 요단강은 '성도의 죽음'을 예표하는 것이다.

그런데 이스라엘을 가나안으로 인도할 지도자가 누구인가? 여호수아이다.

여호수아라는 이름은 '여호와는 나의 구원이시다'라는 뜻이다. 그리고 여호수아의 헬라식 이름이 '예수'다. 즉 여호수아와 예수는 같은 이름이며 그런 점에서 구약의 여호수아는 신약의 예수를 예표하는 인물이기도 하다. 요단강을 건너 가나안으로 인도하는 지도자가 여호수아인 것 같이, 성도의 죽음에서 천국으로 인도하는 지도자가 예수 그리스도인 것이다.

기독교 장례를 생각하며 처음 레마로 받은 말씀은 하나님께서 여호수아에게 요단강을 건너기 이전에 이스라엘 백성에게 주셨던 두 가지 지침 중 하나이다. 이를 통해 알 수 있는 것은 요단강은 아무렇게나 건너는 것이 아니라 하나님께서 일러주신 방법대로 즉 하나님의 말씀대로 건너야만 한다는 점이다.

그러면 하나님이 일러주신 두 가지 지침이 무엇인가?

"여호수아가 또 백성에게 이르되 너희는 자신을 성결하게 하라 여호와께서 내일 너희 가운데에 기이한 일들을 행하시리라 여호수아가 또 제사장들에게 말하여 이르되 언약궤를 메고 백성에 앞서 건너라 하매 곧 언약궤를 메고 백성에 앞서 나아가니라"(수 3:5-6)

첫째, "너희는 자신을 성결하게 하라"라는 명령이다.

당시 상황을 유추해 보면 요단강을 건너기 직전 단지 이틀을 남겨둔 상황에서 이스라엘 백성이 성결케 되기 위해 그 많은 수가 요단강에 들어가서 온몸을 씻는 행동을 하지는 않았을 것이라는 점이 대부분 학자들의 공통적 견해이다. 그러면 성결케 하라는 명령은 어떻게 실행해야 할까?

하나님의 선하신 계획과 무한하신 능력도 인간의 불신앙과 불순종에 의해 제한받을 수 있다는 점을 앞에서 보았다. 하나님이 아무리 좋은 것을 주시려 해도 받을 준비가 되어 있지 않으면 아무 소용이 없는 것이다.

그래서 하나님께 쓰임을 받고자 한다면 먼저 깨끗한 그릇이 되어야 한다.

"주의 이름을 부르는 자마다 불의에서 떠날지어다 하였느니라 큰 집에는 금 그릇과 은 그릇 뿐 아니라 나무 그릇과 질그릇도 있어 귀하게 쓰는 것도 있고 천하게 쓰는 것도 있나니 그러므로 누구든지 이런 것에서 자기를 깨끗하게 하면 귀히 쓰는 그릇이 되어 거룩하고 주인의 쓰심에 합당하며 모든 선한 일에 준비함이 되리라"(딤후 2:19下-21)

'이런 것'은 앞에 있는 '불의에서 떠날지어다'라는 글과 맥락을 같이 한다. 불의에서 떠나 자기를 깨끗하게 하면 귀히 쓰는 그릇이 된다는 말이다. 즉 불의에서 깨끗하게 되는 것이 바로 성결이요, 성결이 하나님이 성도를 쓰시는 필요조건이다.

'얼마나 배웠느냐, 어떤 가문에서 태어났느냐, 돈이 많으냐'라는 세상적인 기준은 하나님 앞에서 그다지 중요하지 않다. 오히려 그런 것들은 하나님께서 사람을 쓰실 때 방해 요소가 될 수도 있다.

'거룩'이라는 용어는 하나님과 연관되어 사용되는 단어로 하나님과 관계될 경우 하찮은 물건도 '성물'(聖物)이 될 수 있다. 기독교인을 가리켜 '성도'(聖徒)라고 부르는 이유도 마찬가지다. 성결의 과정을 마치고 하나님의 것이 될 때 성물이 되고, 성도가 되는 것이다.

불의에서 깨끗해지는 것은 인간의 편에서 본다면 거의 불가능에 가까운 요구이다. 그 이유는 성경에 "의인은 없나니 하나도 없으며"(롬 3:10)라고 선포하고 있기 때문이다.

그럼에도 성경은 우리에게 성결을 요구한다. 어쩌면 이율배반적인 것처럼 들릴 수도 있다. 그렇다면 이 요구를 어떻게 받아들여야 할까?

성경을 통해 알 수 있는 것은 하나님이 제시하신 성결의 요건이 인간이 수용할 수 없는 수준이 아니라 인간의 눈높이에 맞추어진 것이라는 점이다. 즉 요단을 건널 때 제1조건으로 제시된 것이 '성결하라'는 것인데 하나님이 요구하신 성결은 완전한 의인의 개념이 아닌 '하나님께 대한 온전한 믿음'을 가리키는 것이다.

하나님이 아브라함을 의롭다고 여기신 것도 그의 믿음 때문이었고(창 15:6), 다윗을 선택하신 것도 하나님이 보시는 기준인 중심(삼상 16:7) 즉 믿음이었던 것을 알 수 있다.

역사를 거슬러 하나님의 구속사(救贖史)를 살펴보면 하나님이 에덴동산을 만드시고 첫 사람 아담과 첫 언약을 맺으셨다.

"동산 각종 나무의 열매는 네가 임의로 먹되 선악을 알게 하는 나무의 열매는 먹지 말라 네가 먹는 날에는 반드시 죽으리라 하시니라"(창 2:16-17)

그런데 뱀의 모습으로 등장한 사단의 유혹으로 아담과 하와가 선악과를 먹고 말았다. 하나님과의 언약을 파기(破棄)한 결과 인간에게 죽음이 찾아온 것이다. 하지만 그때 이미 하나님은 인류에 대한 구원 계획을 세우셨다.

하나님이 뱀에게 하신 말씀이 무엇인가?

"내가 너로 여자와 원수가 되게 하고 네 후손도 여자의 후손과 원수가 되게 하리니 여자의 후손은 네 머리를 상하게 할 것이요 너는 그의 발꿈치를 상하게 할 것이니라"(창 3:15)

이것을 흔히 원시복음(原始福音)이라고 부른다. 즉 여자의 후손인 예수 그리스도를 통해 인류를 구원하실 것을 예언하셨던 것이다.

이후 하나님의 백성으로 이스라엘을 선택하시기 위해 아브라함을 부르셨다. 그리고 아브라함을 시험하시기 위해 100세에 낳은 독자 이삭을 바치라고 명령하셨다.

"여호와께서 이르시되 네 아들 네 사랑하는 독자 이삭을 데리고 모리아 땅으로 가서 내가 네게 일러 준 한 산 거기서 그를 번제로 드리라"(창 22:2)

그러나 하나님께서는 제물로 사용할 어린 양을 미리 준비하셨다.

"아브라함이 눈을 들어 살펴본즉 한 숫양이 뒤에 있는데 뿔이 수풀에 걸려 있는지라 아브라함이 가서 그 숫양을 가져다가 아들을 대신하여 번제로 드렸더라 아브라함이 그 땅 이름을 여호와 이레라 하였으므로 오늘날까지 사람들이 이르기를 여호와의 산에서 준비되리라 하더라"(창 22:13-14)

성경은 "여호와의 산에서 준비되리라"라고 기록하고 있다. 이삭을 대신할 숫양을 이미 준비해 놓으셨는데 미래형 시제로서 '준비될 것'이라고 하신 것이다.

이때 등장하는 '여호와의 산'은 모리아 산을 가리킨다. 모리아는 '하나님이 선택하셨다'는 뜻이다.

하나님이 선택하신 모리아 산은 이후 솔로몬 왕이 예루살렘 성전을 지은 산이고, 또 오랜 세월이 흐른 후 예수 그리스도께서 인류의 죄를 대신하여 십자가를 지신 산이다.

여호와의 산인 모리아 산에서 이삭을 대신하여 희생제물이 되었던 숫양처럼 예수 그리스도께서 온 인류를 대신하여 희생제물이 될 것이라는 사실이 앞으로의 계획으로 준비될 것이라는 말씀이다.

모리아 산에 올라갈 때 이삭이 번제에 쓸 나무를 지고 올라가는 것은 십자가를 지고 골고다에 오르는 예수를, 또 희생제물이 된 숫양의 뿔이 수풀에 걸려 있는 것은 예수께서 십자가에 달리실 때 머리에 가시면류관을 쓰신 것을 예표하는 것이다.

그리고 출애굽 당시 애굽에 내린 열 번째 재앙, 즉 장자의 죽음은 모든 집마다 사람이나 가축할 것 없이 처음 난 것은 모두 죽게 되는 일이 있었다. 하지만 이스라엘의 모든 집은 구원을 얻었다. 이스라엘이 구원을 얻을 수 있었던 방법은 무엇이었을까?

> "너희 어린 양은 흠 없고 일 년 된 수컷으로 하되 양이나 염소 중에서 취하고 이달 열나흗날까지 간직하였다가 해질 때에 이스라엘 회중이 그 양을 잡고 그 피를 양을 먹을 집 좌우 문설주와 인방에 바르고 … 이것이 여호와의 유월절이니라 내가 그 밤에 애굽 땅에 두루 다니며 사람이나 짐승을 막론하고 애굽 땅에 있는 모든 처음 난 것을 다 치고 애굽의 모든 신을 내가 심판하리라 … 내가 피를 볼 때에 너희를 넘어가리니 재앙이 너희에게 내려 멸하지 아니하리라 너희는 이날을 기념하여 여호와의 절기를 삼아 영원한 규례로 대대로 지킬지니라"(출 12:5–14)

이스라엘 백성을 구원하시기 위해 희생제물이 될 흠 없는 어린 양을 잡아 그 피를 좌우 문설주와 인방에 바르도록 하셨고 그 피를 볼 때에 넘어갈 것이라 하여 이날을 기념하여 지키는 절기가 유월(過越, passover)절이다.

이스라엘 온 집을 구원하기 위해 희생제물이 될 유월절 어린 양은 예수 그리스도를 예표한다. 예수 그리스도께서 우리 죄를 대신하여 십자가에 달려 죽으신 때가 유월절이다. 그래서 예수님을 가리켜 '유월절 어린 양'이라 부르며 지금도 해마다 유월 절기(포괄적으로는 사순절)를 지키고 있다.

성경은 이처럼 하나님의 놀라우신 구속사를 한 편의 파

노라마처럼 볼 수 있도록 인류의 역사 속에서 구원에 대한 약속들을 계속해서 예표로 보여주신 것이다. 그래서 구약의 여러 사건들을 징표로 하나님의 약속을 믿음으로 받아들일 때 하나님이 구원해 주시는 것이다.

"하나님이 세상을 이처럼 사랑하사 독생자를 주셨으니 이는 그를 믿는 자마다 멸망하지 않고 영생을 얻게 하려 하심이라"(요 3:16)

너무나 잘 아는 말씀이지만 하나님이 독생자 예수 그리스도를 주신 이유가 이 세상을 사랑하신 까닭이라고 말씀하셨다.

이 땅에 오신 하나님, 우리 죄를 대신하여 희생의 제물이 되어주신 예수 그리스도를 믿기만 하면 멸망하지 않고 영생을 얻게 된다는 것, 하나님이 주시는 구원은 단순히 죄로부터의 해방이 아니라 영원한 생명을 주신다는 것이다. 하지만 그 약속은 믿는 자에게만 주어지는 몫이라는 사실을 분명히 알아야 한다.

물론 하나님의 방법만을 고집하는 것은 독선이라고 공격하는 이들도 있다. 하지만 구원의 방법으로 주어지는 요구 조건이 그저 "믿으라"라는 것이라면 그조차 받아들이지 못하는 사람에게 문제가 있는 게 아닐까? 오히려 하나님의 작은 요구조차 받아들이지 못하는 사람이라면 구원받을 만한 그릇이 아니라고 할 수밖에 없다.

그렇다면 이스라엘 백성이 요단을 건널 때 주셨던 "성결케 하라"라는 하나님의 명령은 현대 그리스도인에게 어떻게 적용할 수 있을까?

"그리스도 예수 안에 있는 속량으로 말미암아 하나님의 은혜로 값없이 의롭다 하심을 얻은 자 되었느니라"(롬 3:24)

이것이 기독교가 말하는 유명한 이신칭의(以信稱義)의 복음이다. 여기서 '되었느니라'는 과거완료형이다. '의롭게 될 것이다'가 아니라 이미 '의롭게 되었다'는 뜻이다.

그런 의미에서 "성결케 하라"는 하나님의 명령은 신약 성도에게는 이미 성취된 부분이다. 즉 예수 그리스도께서 우리 죄를 용서하시기 위해 희생제물이 되어 보혈의 피를 흘려주셨고, 이를 믿음으로 구원을 얻은 자들은 이미 성결케 된 자들이기에 성도라 불리는 것이다.

'성도는 이미 성결케 된 자'이기에 요단강을 건너기 전 선결 요건으로서 "성결케 하라"는 명령은 신약의 그리스도인에게 또 다른 어떤 행위가 요구되는 것이 아니라 하나님에 대한 믿음을 갖고 천국을 향해 나아가기만 하면 되는 것이다.

그런 점에서 성도가 아닌 경우 기독교 장례는 성립될 수 없다. 예수를 믿고 구원받은 자에게만 주님이 예비하신 천국에 들어갈 수 있는 자격이 주어진다는 사실을 반드시 명심해야 한다.

둘째, "제사장들에게 말하여 이르되 언약궤를 메고 백성에 앞서 건너라"는 명령이다.

'언약궤'(言約櫃)가 무엇인가?

이스라엘 백성이 출애굽 이후 3개월 되던 날 시내 광야에 이르고 모세는 시내산에 올라가서 40일 동안 머물게 된다. 시내산을 호렙산이라고도 부르는데 아마 정확한 명칭은 호렙산인데 시내 광야에 위치하였기 때문에 시내산이라고도 부르는 것이라 여겨진다.

출애굽기 3장 1절에는 '하나님의 산 호렙'이라 기록하고 있는데 모세가 가시떨기 불꽃 가운데서 처음으로 여호와의 사자를 만난 곳이 호렙산이다. 그 호렙산에 출애굽

한 이스라엘 백성을 인도하여 이르렀을 때 하나님께서 모세를 향해 성막을 지으라는 명령을 내리셨다.

"내가 그들 중에 거할 성소를 그들이 나를 위하여 짓되 무릇 내가 네게 보이는 모양대로 장막을 짓고 기구들도 그 모양을 따라 지을지니라"(출 25:8-9)

성막을 지을 때 '내가 그들 중에 거할 성소'라고 하셨다. 그리고 성막 가장 안쪽에 성소가 위치하고 있는데 그 가운데에 휘장을 만들어 성소(the Holy Place)와 지성소(the Most Holy Place)로 구분하셨다(출 26:33). 지성소는 '가장 거룩한 성소'인데 그런 지성소 안에 보관되어 있는 것이 바로 언약궤이다.

"그들은 조각목으로 궤를 짜되 길이는 두 규빗 반, 너비는 한 규빗 반, 높이는 한 규빗 반이 되게 하고 너는 순금으로 그것을 싸되 그 안팎을 싸고 위쪽 가장자리로 돌아가며 금테를 두르고 … 내가 네게 줄 증거판을 궤 속에 둘지며 순금으로 속죄소를 만들되 … 금으로 그룹 둘을 속죄소 두 끝에 쳐서 만들되 한 그룹은 이 끝에, 또 한 그룹은 저 끝에 곧 속죄소 두 끝에 속죄소와 한 덩이로 연하게 할지며 … 거기서 내가 너와 만나고 속죄소 위 곧 증거궤 위에 있는 두 그룹 사이에서 내가 이스라엘 자손을 위하여 네게 명령할 모든 일을 네게 이르리라"(출 25:11-22)

이는 언약궤를 만드는 방식에 대해 기록한 것이다.

언약궤의 재료는 조각목이다. 조각목은 '애굽 아카시아'라 불리는 나무로 정확한 명칭은 '싯딤나무'인데 중근동 지방에 널리 서식되는 흔한 나무다. 언약궤는 그 조각목 안팎을 순금으로 싸서 만드는데 크기는 가로 112.5cm, 세로 67.5cm, 높이 67.5cm로 그리 크지는 않다.

언약궤의 원재료인 조각목은 나약한 인간의 몸을 입고 이 땅에 오신 예수 그리스도의 인성(人性)을, 순금은 예수 그리스도의 신성(神性)을 상징하며, 언약궤 안에 들어있는 십계명 돌판과 만나 항아리, 아론의 싹난 지팡이는 각각 생명의 말씀이신 예수 그리스도(요 1:14), 생명의 양식이신 예수 그리스도(요 6:48), 부활의 예수 그리스도(요 11:25-26)를 상징한다.

언약궤의 덮개를 속죄소라 칭하는데 히브리어 캅포레트(כַּפֹּרֶת)는 '덮다, 가리다'라는 의미로 문자적으로는 덮개의 개념이지만 '죄를 덮다' '죄를 가린다'는 의미가 포함되어 속죄소라 불린다. 인간의 죄는 하나님의 은혜로 덮어 주시고 가려주실 때 사함을 얻을 수 있는데 언약궤를 덮는 속죄소는 금으로 만든 그룹(케루빔 כְּרֻבִים 천사) 둘을 서로 연결

되게 하여 그곳에서 내가 너와 만나겠다고 하셨다. 즉 속죄소는 하나님과 만나는 장소, 하늘과 땅이 연결되는 예수 그리스도의 십자가를 상징하는 것으로 이를 통해 속죄함을 얻게 되는 것이다.

지성소가 소중한 이유는 언약궤가 있는 까닭이다.

그런데 "예수 그리스도께서 십자가에 달려 돌아가셨을 때 성소 휘장이 찢겨졌다"(마 27:51)라고 기록하고 있다. 예수 그리스도께서 희생제물이 되어 우리 죄를 사해주셨으므로 더이상 속죄소의 역할이 없어진 까닭이다. 그러므로 신약시대의 성도들은 누구나 하나님의 때를 따라 돕는 은혜를 얻기 위해 은혜의 보좌 앞에 담대하게 나아갈 수 있게 된 것이다.

> "그러므로 우리는 긍휼하심을 받고 때를 따라 돕는 은혜를 얻기 위하여 은혜의 보좌 앞에 담대히 나아갈 것이니라"(히 4:16)

이처럼 구약시대에 언약궤는 '하나님의 임재'를 상징하는 성물이었다. 물론 하나님은 무소부재(無所不在) 하신 분이시기에 어느 한 곳에 거하시는 것은 아니다. 그래서 솔로몬이 성전을 지었을 때도 "하나님이 참으로 땅에 거하시리이까 하늘과 하늘들의 하늘이라도 주를 용납하지 못하겠거든 하물며 내가 건축한 이 성전이 오리이까"(왕상 8:27)라고 기도한 것이다.

그럼에도 하나님께서 거하실 곳이라고 공식적으로 지정하신 장소로서의 성막, 성막 내에서도 거룩한 장소로서 성소, 성소를 또다시 구분하여 더욱 거룩한 성소로 구분된 지성소는 세상 어느 장소보다 가장 거룩한 장소였음은 당연한 것이요, 그렇기에 지성소 안에 유일하게 존재하는 하나님의 언약궤는 구약시대에 있어 이 땅에 존재하는 가장 귀한 성물이었다고 할 수 있다.

언젠가 천동설이 아닌 지동설이 과학적으로 증명되었을 때 당시 기독교 지도자들은 이를 부인하기 위해 지동설을 주장하는 과학자들을 죽음으로 몰기까지 하였다. 요즘은 흔히 쓰는 '코페르니쿠스적 전환'이라는 말이 당시 기독교 신앙을 가진 자들에게는 엄청난 절망과 분노를 가져다주었으리라 생각한다.

그렇다면 태양이 지구를 중심으로 도는 것이 아니라 지구가 태양을 중심으로 돌고 있기 때문에 태양이 중심인 것인가? 전혀 그렇지 않다. 이를 제대로 해석하지 못한 까닭에 기독교 교부들이 억지스러운 고집을 부렸던 것 뿐이다.

우리의 사고를 인간 중심이 아닌 하나님 중심에 두어야 제대로 된 해석을 할 수 있다. 사실 우리가 살고 있는 지구는 광활한 우주 속에 정말 작은 하나의 별에 지나지 않는다. 하지만 중요한 것은 하나님의 관심이 여기에 있다는 점이다.

하나님의 관심이 자신의 형상대로 지은 인간에게 있고, 사탄의 유혹으로 인해 죄에 빠진 사람들이 다시 하나님을 향해 돌아오는 것에 있기에, 하나님의 뜻대로 살아가는 사람들은 당연히 하나님의 관심의 대상이 될 수밖에 없다. 즉 하나님의 관심이 중심이라는 말이다.

사실 언약궤도 그리 대단한 것은 아니다. 별것도 아닌 나무 궤짝에 금을 발라놓았다고 해서 뭐 그리 대단한 것이 되겠는가? 그 안의 내용물도 마찬가지다.

'만나'라는 것도 깟씨 같다고 했는데 식물이라 할 수도 없는 이상한 것이다. 십계명 돌판도 다른 돌판과 비교할 때 뭐가 다른가? 아론의 싹난 지팡이도 마찬가지다.

하지만 하나님의 관심이 그것에 있기에 가장 귀한 성물이 된 것처럼 하나님의 관심의 영역에 있으면 가장 값진 존재가 되는 것이다.

'귀하다'라는 표현도 부족해서 '거룩하다'라는 표현으로 불리워지게 된 것이 내 중심이 아니라 하나님 중심에서 바라보실 때 그렇다는 사실을 잊지 말아야 한다.

그렇지 않고 인간의 지혜를 내세울 때에는 결국 하나님의 관심에서 멀어져 하찮은 존재로 전락할 수밖에 없다. '나'라는 존재는 수많은 인구 중에서 지극히 보잘 것 없는 한 사람에 불과하다. 그런 내가 하나님의 관심의 대상이 될 때 성도(聖徒)라 불리게 된 것이다.

그런 점에서 이스라엘 백성이 요단강을 건널 때 제사장들로 언약궤를 메라고 명령하신 것은 요단을 건널 때 하나님께서 그들과 함께 하시겠다는 하나님의 임재에 대한 확실한 징표라 할 수 있다.

"백성이 요단을 건너려고 자기들의 장막을 떠날 때에 제사장들은 언약궤를 메고 백성 앞에서 나아가니라 요단이 곡식 거두는 시기에는 항상 언덕에 넘치더라 궤를 멘 자들이 요단에 이르며 궤를 멘 제사장들의 발이 물 가에 잠기자 곧 위에서부터 흘러내리던 물이 그쳐서 … 모든 이스라엘은 그 마른 땅으로 건너갔더라"(수 3:14-17)

이는 요단을 건너는 과정에 대한 성경의 기록이다.

언약궤를 멘 제사장들의 발이 하나님의 명령대로 요단 강물에 잠겼을 때 위에서부터 흘러내리던 물이 온전히 끊어지고 모든 백성이 마른 땅으로 건너갔다고 했다.

나는 성경을 읽으며 하나님께서 누군가를 향해 칭찬을 아끼지 않는 모습을 볼 때마다 늘 부러움을 느낀다. 복음서에서도 예수님께 칭찬받은 인물들을 발견할 수 있는데 성경 전체로 보면 그런 칭찬의 대상이 그리 많지 않다는 사실도 깨닫게 된다.

구약시대에 하나님께 칭찬을 받았던 자들을 성경 한 장에 기록한 것이 바로 히브리서 11장이다. 우리가 흔히 '믿음의 장'이라 부르는 그 안에 이름을 올린 인물들이야말로 믿음으로 말하면 명예의 전당에 오른 자들이라 할 수 있다.

지구상에 살았던 수많은 인물들 가운데 하나님께서 믿음을 인정했던 극소수의 사람들이다. 나는 그들의 믿음을 발꿈치도 못 따라가겠지만 하나님의 칭찬 중에서도 최상급의 칭찬을 꼽으라고 한다면 노아를 향해 "하나님이 자기에게 명하신 대로 다 준행하였더라"(창 6:22)라고 말씀하신 것이라 생각한다.

'노아는 의인이요 당대에 완전한 자'라고 성경은 소개하고 있는데 그런 노아였기에 하나님이 명하신 대로 다 준행할 수 있었겠지만 이처럼 완벽한 믿음은 결코 쉬운 일이 아니라고 한다. 반드시 지켜야 할 명령조차 제대로 지키지 못하고 살아가는 어리석은 자신을 바라볼 때 100% 믿음, 100점짜리 믿음의 사람 노아가 한없이 높아 보일 수밖에 없다.

이와 반대로 하나님의 책망도 성경 여러 곳에서 발견할 수 있다. 심지어 하나님이 땅 위에 사람 지으셨음을 한탄하시고 사람을 지면에서 쓸어버리기로 작정하시는 경우도 있다.

'어느 정도 상황이면 그렇게 진노하셨을까?'라고 생각하는데 그때가 바로 노아가 믿음으로 하나님께 칭찬을 받았을 당시라는 사실을 생각하면 더욱 아이러니하게 느껴진다.

그런데 하나님의 책망 중에서도 마음 한구석을 씁쓸하게 만드는 내용이 있다.

"그때에는 이스라엘에 왕이 없었으므로 사람마다 자기 소견에 옳은 대로 행하였더라"(삿 17:6, 21:25)

이 말씀은 이스라엘 역사에서 암흑기라 불리던 사사시대 사람들의 삶의 방식을 표현한 것이다. 그때는 왕정시대가 아니었기에 이스라엘에 왕이 없었다는 것은 당연한 것인데 '하나님께서 왜 이런 말씀을 하셨을까?'라고 의아하게 생각할 수도 있다.

하지만 엄밀한 의미에서 이스라엘은 신정국가인 까닭에 이스라엘의 왕은 다름 아닌 하나님을 가리키는 것이요, 그런 면에서 왕이 없었다는 말은 이스라엘 백성이 자신들을 다스리시는 하나님을 전혀 의식하지 않고 살았다는 것이고, 자기 소견에 옳은 대로 행하였다는 것은 모두 제멋대로 살았다는 의미이다.

물론 그들이 자기 소견에 옳은 대로 행하였다고 한 것은 자신들이 하는 일이 옳다고 생각했던 것이고, 그런 자신들의 행동을 스스로 지혜롭다고 여겼다는 것이다.

오늘날 그리스도인 중에 하나님의 말씀대로 다 준행하였다는 칭찬을 받을만한 사람이 있을까? 물론 그렇다면 더할 나위 없는 기쁨이겠지만 그런 칭찬은 고사하고 자기 소견에 옳은 대로 행하였다는 책망은 받지 않았으면 하는 마음이다.

당연히 자기 소견에 옳은 대로 행하는 자들은 그 마음속에 하나님이 없기에 그런 것이고, 마음속에 하나님이 없는 자를 어떻게 하나님의 백성이라 할 수 있겠는가.

당시 이스라엘은 하나님이 다스리는 신정국가였음에도 불구하고 그 마음속에 하나님이 없었다는 점을 생각할 때 그리스도인이라 자칭하는 자들의 마음속에도 하나님이 없을 수 있다는 가정은 충분히 가능성이 있다고 생각한다.

"차라리 새끼 빼앗긴 암곰을 만날지언정 미련한 일을 행하는 미련한 자를 만나지 말 것이니라"(잠 17:12)라는 말씀이 있다.

새끼를 빼앗긴 암곰을 상상해 보자. 얼마나 사나울까? 그런 암곰을 만난다는 것은 상상만 해도 끔찍한 일이다.

그런데 새끼 빼앗긴 암곰을 만나는 것보다 더 좋지 않은 것이 미련한 자를 만나는 것이라고 했다. 우리는 미련한 사람을 만나 인생이 지옥으로 변하는 경우를 심심치 않게 보아왔다.

그런데 잠언서에 미련한 자보다 더 좋지 않은 경우에 대해 소개하고 있다.

"네가 스스로 지혜롭게 여기는 자를 보느냐 그보다 미련한 자에게 오히려 희망이 있느니라"(잠 26:12)

스스로 지혜롭게 여기는 사람보다는 미련한 사람이 오히려 희망이 있다는 말이 무슨 의미일까? 미련한 사람은 잘 이해시키면 생각을 바꾸는 경우도 있지만 자신이 지혜롭다고 생각하는 사람은 절대 바뀌는 일이 없기 때문이다.

성경이 말하는 스스로 지혜롭다고 여기는 사람은 사실은 지혜로운 자가 아니다. 다만 지혜롭다는 착각에 빠져 자신의 어리석음을 깨닫지 못하는 자를 가리킨다. 그들이 옳다고 여기는 것도 사실은 옳은 것이 아니며, 그들이 안다고 하는 것도 사실은 바르게 아는 것이 아님에도 스스로 지혜롭다고 생각하는 교만한 자이다.

그런 점에서 스스로 지혜롭다고 여기는 사람은 엄밀한 의미에서 무지한 사람이다. 그럼에도 스스로를 지혜롭다고 여기는 사람에게는 아무런 희망도 없다는 말이다.

인류 역사에서 가장 지혜로운 인물로 알려져 있는 (물론 그의 지혜의 근원도 하나님이시지만) 솔로몬 왕이 쓴 잠언서는 지혜로운 삶을 살고자 하는 사람이라면 반드시 읽어야 하는 필독서로 알려져 있다.

그런 까닭에 지혜로운 삶을 살기를 원하는 사람이라면 잠언의 말씀들을 통해 울려주는 경종을 결코 가볍게 여기지 않아야 할 것이다.

성경은 지혜가 도처에 널려 있을 뿐 아니라 계속해서 우리를 향해 소리를 지르며, 소리를 발하며 부르고 있다고 말씀하고 있다.

"지혜가 길거리에서 부르며 광장에서 소리를 높이며 시끄러운 길목에서 소리를 지르며 성문 어귀와 성중에서 그 소리를 발하여"(잠 1:20–21)

하지만 사람들의 반응은 어떤가?

"내가 불렀으나 너희가 듣기 싫어하였고 내가 손을 폈으나 돌아보는 자가 없었고 도리어 나의 모든 교훈을 멸시하며 나의 책망을 받지 아니하였은즉"(잠 1:24–25)

이러한 사람들에게 주어지는 결과는 무엇인가?

"대저 너희가 지식을 미워하며 여호와 경외하기를 즐거워하지 아니하며 나의 교훈을 받지 아니하고 나의 모든 책망을 업신여겼음이니라 그러므로 자기 행위의 열매를 먹으며 자기 꾀에 배부르리라"(잠 1:29–31)

존 번연이 쓴 「천로역정」의 주인공 크리스천이 천국 문에 가까이 왔을 때 '무지'(Ignorance)라는 아이를 만나는 장면이 있다.

크리스천이 "그 문은 어떻게 들어갈 셈이냐? 어려울 텐데…"라고 묻자 무지는 "저는 주님의 뜻을 알고 있어요. 그리고 착하게 살아왔어요. 다른 사람의 빚은 다 갚았고 기도도 하고 금식도 하고 십일조도 내고 다른 사람을 구제하는 일도 했어요. 그리고 하늘나라로 가기 위해 고향을 떠났습니다"라고 대답한다.

크리스천이 "너는 좁은 문을 통해 들어오지 않고, 저 꼬불꼬불한 길을 통해 여기로 들어왔다. 네가 어떻게 생각하든 심판의 날에 강도나 도둑의 이름으로 고발당하지 않을까 걱정이 되는구나"라고 하자 "아저씨들은 아저씨네 나라의 종교나 잘 따르십시오. 저는 우리나라 종교를 따르겠습니다. 우리나라에 사는 사람들은 아무도 그 좁은 문으로 가는 길을 모릅니다. 사실 그 길을 알든 모르든 우리에겐 아무 상관이 없습니다"라고 말한다.

천국 문이 보이는 곳까지 이르렀을 때 강이 가로놓여져 있다. 다른 길은 없고 반드시 그 강을 건너야만 천성에 들어갈 수 있다.

크리스천은 두려웠지만 주님이 함께 하셨고 "네가 물 가운데로 지날 때에 내가 너와 함께 할 것이라 강을 건널 때에 물이 너를 침몰하지 못할 것이라"(사 43:2)라는 말씀을 하실 때 강물이 얕아져서 쉽게 건널 수 있었다고 한다.

크리스천이 건너는 강은 구약에서 이스라엘 백성이 건넜던 요단강을 가리키는 것이며, 신약에서는 성도가 천국에 들어가기 위한 과정으로서의 죽음을 상징하는 것이다.

그런데 다른 방법으로 뒤따라 온 무지는 하나님께 보여줄 증거를 보이라고 요구하자 보일만한 증거가 없음으로 결국 밖에 버려짐을 당하고 말았다. 크리스천이 말하는 좁은 문은 예수 그리스도를 통해서만 들어갈 수 있는 유일한 문이요, 그분의 십자가를 지고 따르는 자들만이 들어갈 수 있기에 좁은 문인 것이다.

만약 '무지'가 자신이 제대로 알지 못하고 있다는 사실을 알았더라면, 자신이 걷고 있는 그 길이 멸망의 길이라는 사실을 알았더라면 크리스천에게 그렇게 말하거나 행동하지 않았을 것이다. 하지만 무지는 자신의 생각이 옳다고 여겼고, 스스로 지혜롭다고 생각했던 것이다.

장례식장에 가면 유난히 제사를 강조하는 사람들을 볼

수 있는데 남들이 보기에는 부모에 대한 효성이 대단히 지극한 것처럼 보이기도 한다. 물론 그들의 효심이나 종교심을 의심하지는 않는다. 나는 이단과 사이비에 현혹되어 열광적으로 신앙생활을 하는 분들을 볼 때 그들의 신앙심에 대해 의심하지도 않는다.

오히려 그런 이들의 신앙이 평범한 그리스도인보다 좋은 것처럼 보일 수도 있다. 하지만 그들의 신앙은 바른 지식에 입각한 것이 아니기에 무지한 행동일 뿐이다.

19세기 미국에서 일어났던 영적 대각성 운동의 중심에 섰던 조나단 에드워드 목사님은 영적 대각성의 불꽃이 약간은 시들해질 즈음에 「신앙 감정론」이라는 유명한 책을 썼다.

책의 내용을 간단하게 요약하면 일단 신앙은 감정이라고 주장한다.

사랑하는 사람이 있다면 만나고 싶고, 만날 수 없다면 보고 싶어 하는 것이 당연한 감정이다. 주님을 사랑한다고 하면서 그런 감정을 전혀 느끼지 못한다면 어떻게 사랑이라 할 수 있겠는가?

하지만 감정만으로 온전한 신앙이라 할 수 있을까?

홍해를 건너는 기적을 경험한 후에 온 이스라엘 백성이 춤추며 찬양하지만 얼마 못 가서 금송아지를 만들고 그 앞에서 절하는 잘못을 저지른다. 그런 점에서 감정만으로는 그것이 온전한 신앙이라고 판단할 수 없다.

그러면 무엇을 참된 신앙이라 할 수 있을까?

물론 「신앙 감정론」이라는 책을 쓴 목적이 누가 참된 신앙인인지, 누가 위선자인지를 구분하려는 것은 아니다. 알곡과 가라지를 구분하는 권한은 우리에게 주어진 것이 아니기 때문이다. 그럼에도 자신의 신앙이 참인가 거짓인가를 판별하는 방법으로 표지들을 제시한 것이다.

조나단 에드워드가 제시하는 여러 가지 표지들을 일일이 소개하기는 어렵지만 몇 가지 예를 든다면 성령의 내주, 하나님을 아는 지식, 성품의 변화, 행위로 드러남 등이다. 이런 적극적 표지들이 삶 속에서 나타날 때 참된 신앙이라 할 수 있다는 것이다.

그중에서도 가장 중요한 요소가 하나님을 아는 지식이라고 생각한다.

하나님께서는 우리가 참된 그리스도인으로 살아가기에 충분한 지식을 성경을 통해 말씀해 주셨다. 성경을 통해 하나님을 아는 지식을 제대로 갖춘다면 사이비나 이단에 빠질 우려도 없을 것이다. 물론 하나님을 아는 지식을 갖고 있음에도 그와는 전혀 다른 삶을 살아간다면 진정한 그리스도인이라 할 수 없겠지만 말이다.

현재 수많은 그리스도인이 있지만 정작 하나님의 말씀인 성경에 대한 지식이 부족함을 솔직하게 고백한다. 그래서 수많은 사이비와 이단이 출현하여 그러한 자들을 타깃(target)으로 삼는 지도 모른다.

세상 사람들 모두가 자신이 지혜롭다고, 자신이 하는 행동이 옳다고 여기며 살아가겠지만 그들의 삶은 하나님이 바라보시는 견지에서는 '무지'에 불과할 뿐이다.

우리가 살아가는 현대는 이미 오래전에 "신은 죽었다"라고 공포된 시대이다. 당연히 현대인은 자기 소견에 옳은 대로 행하며 살아간다. 하지만 진정한 그리스도인이라면 하나님의 말씀인 성경의 가르침대로 살아가야 할 것이다.

그렇다면 이스라엘 백성이 요단강을 건널 때 주셨던

"제사장들에게 말하여 이르되 언약궤를 메고 백성에 앞서 건너라"라는 명령을 현대의 그리스도인은 어떻게 적용해야 할까?

제사장들에게 언약궤를 메라고 명령하신 것은 앞서 말씀드린 것처럼 요단강을 건널 때 하나님이 그곳에 임재하시겠다는 징표다. 그런데 제사장들을 향해 백성에 앞서 건너라고 하신 것은 무슨 의미일까?

구약시대의 제사장은 신약시대의 영적 지도자, 즉 개교회의 목사를 상징한다. 그런 의미에서 구약시대에 언약궤를 멘 제사장들이 백성에 앞서 건너라고 명령하신 것처럼 성도가 죽음을 통해 천국을 향해 들어가는 과정으로서의 기독교 장례에서 개교회 목사들이 먼저 앞장서라는 명령으로 받아들일 수 있다.

하나님이 이 땅에 교회를 세우실 때, 각 교회 지도자들에게 영적 권위(靈權, spiritual authority)를 주셨다. 물론 이것은 스스로 만들어내는 권위가 아닌 하나님께서 주신 권위를 말한다.

"네가 본 것은 내 오른손의 일곱 별의 비밀과 또 일곱 금 촛대라 일곱 별은 일곱 교회의 사자요 일곱 촛대는 일곱 교회니라 에베소 교회의 사자에게 편지하라 오른손에 있는 일곱 별을 붙잡고 일곱 금 촛대 사이를 거니시는 이가 이르시되….”(계 1:20, 2:1)

일곱은 하늘과 땅의 수를 합한 완전수라고 했다. 당연히 일곱 별과 일곱 금 촛대는 모든 교회의 사자와 모든 교회를 상징한다.

‘사자’(使者)는 ‘보냄을 받은 자’이다. 사자를 뜻하는 헬라어 ‘앙겔로스’(αγγελος)를 NIV성경에서는 ‘angels’이라고 쓰고 있다. 사전적인 의미로는 천사를 지칭하는 단어지만 요한계시록에 기록된 주님의 편지는 지상에 있는 교회들을 향한 편지임을 감안할 때 ‘일곱 교회의 사자’는 ‘모든 교회의 지도자들’이라고 해석하는 것이 옳다고 여겨진다.

주님이 모든 교회들 사이를 거니시며 오른손에 교회의 지도자들을 붙잡고 있다는 것은 주님의 관심이 항상 모든 교회들을 향해 계시다는 사실과 모든 교회의 지도자들을 보호하고 계신다는 사실을 의미한다. 그런 점에서 교회 지도자들의 영적 권위는 그들의 배후에서 붙들어주시는 주님으로부터 입혀지는 권위라 할 수 있다.

기독교 장례에서 목회자의 영적 권위는 언약궤를 멘 제사장들이 먼저 요단에 발을 잠그라는 명령을 따랐을 때 요단을 마른 땅처럼 건널 수 있었던 것처럼 교회의 영적 지도자가 하나님의 말씀대로 앞장서서 인도할 때 성도의 영혼이 안전하게 천국을 향해 나아갈 수 있다는 것을 의미한다.

기독교 장례는 반드시 하나님의 명령대로 행해져야 한다. 너희는 자신을 성결케 하라는 명령대로 예수 그리스도의 보혈로 깨끗하게 씻긴 성도의 영혼이 천국을 향해 나아가는 과정이 기독교의 장례이다.

그리고 하나님의 임재를 상징하는 언약궤를 멘 것처럼 하나님의 임재를 상징하는 성령께서 함께 하셔야 하고, 제사장이 믿음으로 요단에 발을 잠근 것처럼 영적 지도자인 교회의 목사가 먼저 믿음으로 앞장서야 한다는 것, 이것이 성경을 통해 가르쳐주시는 하나님의 명령이요, 이렇게 행하는 것이 성경적인 기독교 장례라고 생각한다.

물론 기독교 장례는 그리스도의 보혈의 피로 성결함을 입은 성도의 경우에만 가능하다는 사실과 하나님의 임재로서 성령님께서 함께하신다는 사실을 전제로 할 때, 영적 지도자인 담임 목사님이 믿음으로 앞장서는 것이 기독교 장례에 있어 가장 중요한 요소이다. 그리고 이것이 기독교 장례를 생각하며 내가 받은 첫 번째 레마이다.

2. 향유 담은 옥합

면온에서의 7년간의 시간이 꿈같이 지나갔다.

많은 목회자들이 첫 번째 사역의 장소를 떠나 부목사 생활을 하는 경우가 많다. 그 이유는 여러 가지가 있겠지만 내게 있어 그 이유는 재충전이었다.

감사한 마음에 은혜로 감당했던 시간들인 까닭에 성도들과 마을 사람들도 어느 정도는 인정해 주었다고 생각한다. 중·고등부 학생 중 한 명이 내게 이런 말을 한 적이 있다.

"목사님은 언제나 그 자리에 계시는 분이시네요."

그 말을 들으면서 '자리만 차지하고 있어도 도움이 되었나 보다'라고 생각했다. 그런데 심각한 문제가 찾아왔다.

작은 시골 교회의 목회자가 무슨 욕심이 있는 것도 아닌데 '이 정도만 해도 나름 성공이 아니겠는가…'라는 마음이 들 때 다가온 커다란 문제…. 큰 사고를 치거나 커다란 실수를 저지른 것도 아닌데 어느 순간 더 이상 아무것도 할 수 없다고 여겨지는 상황이 찾아온 것이다.

열왕기상 18-19장에 엘리야 선지자에 대한 이야기가 있다. 당시는 북이스라엘 왕들 가운데 가장 악한 왕으로 알려진 아합이 다스리던 시기였다. 그런데 아합보다 왕후였던 이세벨이 더 사악했다.

"유다의 아사 왕 제삼십팔년에 오므리의 아들 아합이 이스라엘의 왕이 되니라 … 오므리의 아들 아합이 그의 이전의 모든 사람보다 여호와 보시기에 악을 더욱 행하여 느밧의 아들 여로보암의 죄를 따라 행하는 것을 오히려 가볍게 여기며 시돈 사람의 왕 엣바알의 딸 이세벨을 아내로 삼고 가서 바알을 섬겨 예배하고 사마리아에 건축한 바알의 신전 안에 바알을 위하여 제단을 쌓으며 또 아세라 상을 만들었으니 그는 그 이전의 이스라엘의 모든 왕보다 심히 이스라엘 하나님 여호와를 노하시게 하였더라"(왕상 16:29-33)

아합과 결혼하여 북이스라엘의 왕후가 된 이세벨은 시돈이라는 작은 나라의 공주였다. 원래 아합이 악행을 저질렀지만 이세벨과 결혼한 후 종교적 타락이 더욱 극심했던 것이다. 시돈 사람들이 믿는 신 바알을 섬겨 예배하고 이스라엘의 수도 사마리아에 바알을 위한 신전을 건축하고 바알을 위한 제단을 쌓고 아세라 상을 만들었다.

하나님께서 가장 싫어하시는 것이 무엇인가? 다른 신을 섬기는 것이다.

십계명 중에서 첫 계명이 "나 외에는 다른 신을 네게 두지 말라"(출 20:3)는 것이며 십계명이 중요한 순위를 따라 나열된 것이라 한다면 당연히 첫 계명을 범하는 것이 하나님이 가장 싫어하시는 것이라 할 수 있다.

사실 '다른 신'이라는 표현은 사람의 눈높이에 맞춰 그렇게 표현하신 것일 뿐 하나님 편에서 보실 때 다른 신이라는 것은 존재하지 않는다. 지금도 마찬가지지만 당시 근동 지역은 수많은 신들이 있다고 믿는 다신론과 자연만물 모두에 신이 깃들어있다는 범신론이 팽배하였다. 이런 잘못된 신앙관이 이스라엘 백성의 신앙을 타락시키는 강력한 도구가 되었다.

신은 모든 만물을 지으신 분, 성경의 말씀처럼 스스로 존재하시는 분(출 3:14)에게만 붙일 수 있는 호칭이다. 그외 모든 것은 하나님이 지으신 피조물에 불과할 뿐이다.

성경의 첫 구절이 "태초에 하나님이 천지를 창조하시니라"(창 1:1)는 말씀이다. 그런데 요한복음 1장 1절에 "태초에 말씀이 계시니라"는 말씀이 있다. 둘 다 '태초'라고 기록하고 있지만 시간상으로는 요한복음 1장 1절의 '태초'가 더 오래된 시점이라는 것을 알 수 있다.

창세기 1장 1절의 '태초'는 하나님께서 천지를 창조하실 때를 가리키지만 요한복음 1장 1절의 '태초'는 하나님과 함께 계셨던 곧 하나님이신 말씀이 있었던 태초이기에 천지가 창조된 시점보다 훨씬 앞선, 시간의 근원을 알 수 없는 태초이다. 어쨌든 인간의 사고로는 달리 표현할 방법이 없어 둘 다 태초라고 기록할 수밖에 없었을 것이다.

성경 외에 다른 어느 경전에 천지창조에 대한 기사가 기록되어 있는가?

그리스 로마 신화나 북유럽 신화, 이집트와 메소포타미아 신화, 중국과 인도 신화 등을 읽어보면 그것들을 왜 신화라고 하는지 알 수 있다. 즉 인간이 만들어낸 신들의 이야기일 뿐이라는 것이다.

무엇보다 신화에 등장하는 신들의 행동은 평범한 인간보다 못한 경우가 많다. 우리가 잘 아는 제우스(주피터)의 경우 현대로 말하면 당연히 성폭행범으로 구속되어야 마땅하다. 또한 제우스의 아내인 헤라의 질투로 애꿎은 여인들만 피해를 입지 않았는가. 오죽하면 소크라테스가 아이들 교육에 도움이 되지 않는다고 신화를 가르치지 말라고까지 했겠는가.

불교의 성전이나 유교의 경전이라 할 수 있는 사서오경을 읽어봐도 창조주로서의 신에 대한 개념은 찾을 수 없다. 물론 세계 각국의 여러 신화도 마찬가지다. 예전에는 세계의 모든 신화를 자세히 알 수 없었지만 지금은 책을 통해 신화 속에 등장하는 창조에 대한 이야기들을 읽을 수 있고 모든 내용을 알 수 있다. 하지만 그 내용들은 유치한 수준에 불과하지 않는가?

만물을 창조하신 신의 입장에서 볼 때 자신들이 만들어낸 신들 앞에서 절하고 소원을 비는 인간의 모습이 얼마나 어리석어 보이겠는가.

"이 나무는 사람이 땔감을 삼는 것이거늘 그가 그것을 가지고 자기 몸을 덥게도 하고 불을 피워 떡을 굽기도 하고 신상을 만들어 경배하며 우상을 만들고 그 앞에 엎드리기도 하는구나 그 중의 절반은 불에 사르고 그 절반으로는 고기를 구워 먹고 배불리며 또 몸을 덥게 하여 이르기를 아하 따뜻하다 내가 불을 보았구나 하면서 그 나머지로 신상 곧 자기의 우상을 만들고 그 앞에 엎드려 경배하며 그것에게 기도하여 이르기를 너는 나의 신이니 나를 구원하라 하는도다"(사 44:15-17)

우상의 실체가 이런 것이다. 즉 우상으로 만들어진 돌이나 나무가 여느 돌이나 나무와 다를 게 없다는 것이다. 사람의 눈에 조금은 신령하게 보이는 돌이나 나무가 있다

하더라도 그것 역시 돌과 나무에 불과할 뿐이다.

십계명 중 두 번째 계명은 무엇인가?

"너를 위하여 새긴 우상을 만들지 말고 또 위로 하늘에 있는 것이나 아래로 땅에 있는 것이나 땅 아래 물 속에 있는 것의 어떤 형상도 만들지 말며 그것들에게 절하지 말며 그것들을 섬기지 말라"(출 20:4-5)는 것이다.

사람들이 돌이나 나무로 우상을 만들고 절하고 소원을 비는 모습을 보면서 하나님께서 이런 명령을 내리지 않으셨을까 생각해 본다.

하나님에 대한 형상이 있는가? 물론 미켈란젤로가 하나님을 근엄한 할아버지의 모습으로 그려놓은 것을 볼 수 있지만 이 역시 가톨릭이 요구한 까닭이다. 우리는 하나님께서 하지 말라고 명령하신 것을 가볍게 여기는 것이 죄라는 사실을 분명히 알아야 한다.

하나님은 인간이 추상적으로 만들어낸 이미지에 담을 수 있는 분이 아니다. 그런데 인간이 돌이나 나무로 만든 우상 앞에 절하며 섬기는 모습을 보시며 새긴 우상을 만들지 말고 어떤 형상도 만들지 말라고 명령하신 것이다.

이러한 하나님의 명령을 무시하고 바알을 위한 신전을 건축하고 바알을 위한 제단을 쌓으며 아세라 상을 만들고 그것을 섬겨 예배하는 아합을 보며 진노하신 것은 당연하다.

더구나 열왕기상 18장 4절에 "이세벨이 여호와의 선지자들을 멸할 때"라는 말씀이 있는데, 우상을 섬기는 것도 모자라 하나님을 섬기는 선지자들을 모두 없애려 한 것이다.

이때 엘리야 선지자가 등장한다. 그리고 아합에게 "바알과 아세라를 섬기는 선지자 850명을 데리고 갈멜산으로 오라. 그들이 섬기는 바알과 아세라가 참된 신인지, 내가 섬기는 여호와가 참된 신인지, 하늘로부터 불을 내리는 것으로 내기를 하자"라고 제안한다.

결과는 어떻게 되었을까?

바알을 섬기는 자들이 별의별 짓을 다해도 아무런 반응이 없었다. 그런데 엘리야 선지자가 기도하자 하늘로부터 불이 내려오는 기적이 나타났다. 그래서 바알을 섬기는 제사장들을 기손 시내에서 모두 죽였다. 그리고 3년 6개월 동안 내리지 않던 비가 쏟아져 내렸다.

얼마나 놀라운 승리인가?

그런데 이 소식을 들은 이세벨이 사신을 보내어 엘리야를 죽이겠다고 한다. 이 말을 들은 엘리야 선지자는 자신의 생명을 위해 도망쳤다고 성경은 기록하고 있다. 심지어 로뎀나무 아래 앉아 "지금 내 생명을 거두어 달라. 나는 내 조상들보다 낫지 못하다"라는 푸념을 쏟아내기도 하였다.

어떻게 이런 현상이 일어난 것일까?

하나님의 사람들이 자신을 통해 하나님의 놀라운 역사가 나타날 때 대단한 능력의 소유자처럼 보일 수 있겠지만 실제로 자신의 능력으로 한 것은 하나도 없다.

하나님께서 자신을 통해 놀라운 기적을 나타내셨지만 실제로 자신은 평범한 한 인간에 불과할 뿐이기 때문이다.

잘 나가는 것처럼 보이던 사람이 한순간에 무너지는 예를 자주 볼 수 있다. 인간은 누구나 불완전한 존재인 까닭이다. 그래서 한순간에 번아웃(burnout)되어 마치 재만 남은 것처럼 완전히 소멸된 듯한 느낌을 가질 때가 얼마나 많은가.

이를 사회학적 용어로 아노미(Anomie) 현상이라 부른다.

아노미는 원래 '사회적인 규범이나 가치관이 붕괴됨에 따라서 느끼게 되는 혼돈과 무규제 상태'를 가리키는 말인데, 자신이 섬기던 하나님에 대한 믿음이 이세벨의 말 한마디에 무너져 정신적·영적 혼란에 빠지게 된 것이다.

그렇게 믿음이 좋던 엘리야 선지자도 그럴 수 있기에 야고보서 5장 17절에 "엘리야는 우리와 성정이 같은 사람이로되"라는 표현을 한 것이다.

그럴 때 하나님께서 엘리야에게 천사를 보내어 구운 떡과 물 한 병을 주시고 이를 먹고 마시고 그 힘을 의지하여 40일을 걸어 하나님의 산 호렙에 이르게 하신다. 호렙으로 가는 길, 그것은 새 힘을 얻기 위해 즉 영적으로 재충전을 받기 위해 떠나는 길이었다.

나 역시 모든 것이 소멸된 것 같은 상황에서 찾아간 충전소는 인천 연수구에 있던 연수제일교회(현 인천 논현동 하나비전교회)였다. 당시 연수동은 한참 재개발 붐이 일어나 신축 아파트가 엄청나게 세워지던 때였다.

담임자인 김종복 목사님은 충남 서산 출신으로 한마디로 신사적인 분이셨다. 키도 크고, 매너도 좋고, 선한 성품을 지닌 분으로 무엇보다 장애인 사역에 남다른 꿈을 갖고 이를 위해 오래전부터 성도들을 훈련시키는 분이셨다. 내가 그곳에 갔을 때는 많은 장애인들이 계셨고 훈련받은 교인들이 그들을 돌보는 모습이 얼마나 아름다웠는지 모른다.

처음부터 외부의 도움 없이 준비해 왔기에 정부의 보조도 없이 한 교회가 자체적으로 장애인 사역에 관한 모든 것을 감당하는, 한국에서는 롤 모델(Role model)이라 할 수 있는 교회였다.

당시 연수제일교회는 갑자기 불어나는 성도들로 인해 새신자 심방, 병자 심방, 낙심자 심방, 장기결석자 심방, 각종 애경사 등으로 스케줄에 빈틈이 없었다. 거기다 새로운 프로그램이 생길 때마다 배우기 위해 부지런히 쫓아다니다 보니 매일 정신없이 움직여야만 했다.

그렇게 3년 동안 온몸이 녹초가 될 정도로 뛰어다닌 것이 이후에 목회를 함에 커다란 힘이 되었다. 마치 엄청난 영적 재산을 축적한 것처럼 여겨져 그때의 고마움을 잊을 수가 없다.

그 후 찾아간 곳이 서울 방배동에 위치한 K 교회다. 인천에서 부목사로 사역할 때부터 목회자들 사이에서 K 교회 목사님에 대한 소문이 대단했다. 흔히 목사들 사이에서 말하는 영권(영적 파워?)이 최고라고 알려졌기에 마음속으로 배울 기회가 주어졌으면 하는 바람도 있었다.

K 교회 목사님에게는 아들이 한 명 있었는데 나와 비슷한 또래여서 신학을 할 때 가장 친한 사이로 지냈다. 내가 면온으로 내려갈 즈음에 그는 안성에서 목회를 하다가 목사 안수를 받고 미국으로 유학을 떠났다.

그런데 목사님의 은퇴가 3년 밖에 남지 않게 되자 그를 담임목사로 세우기 위해 한국으로 불렀다. 오랜만에 만나 반가운 마음으로 이야기를 나누다가 내가 부목사 생활을 하며 겪었던 경험담을 말하자 자신과 함께 사역하자고 제안을 했다.

예전부터 K 교회에 대해 동경하는 마음도 있었고 당시 남성 사역에 관심이 많아 1990년 미국에서 일어난 프로미스 키퍼스(Promise Keepers)라는 모임의 회원이 되어 LA에서 열린 콘퍼런스(Conference)에 특별 회원(Special Guest)으로 참석하며 열정적으로 사역하던 시기였기에 "한국 프로미스 키퍼스 정기 모임을 K 교회에서 가질 수 있도록 해 달라"

는 조건으로 가게 되었다.

하지만 K 교회에서 보낸 3년의 시간은 처음 계획과는 달리 내게는 고난의 연속이었다. 무엇보다 그리스도인으로서 세상 가운데서 우리에게 주어진 소금으로서의 역할이 얼마나 중요한가를 절실히 배우는 시간이 되었다.

> "너희는 세상의 소금이니 소금이 만일 그 맛을 잃으면 무엇으로 짜게 하리요 후에는 아무 쓸 데 없어 다만 밖에 버려져 사람에게 밟힐 뿐이니라"(마 5:13)

바닷물에서 염분이 차지하는 비율은 3.5%를 넘지 않는다. 하지만 바닷물에 용해되어 있는 염분의 성질 때문에 모든 더러운 것들이 정화되는 것이다.

일제 강점기에 우리나라의 기독교 인구는 1.5%에 불과했지만 3·1운동의 기미독립선언문 33인 대표 중 16명이 기독교인이었다. 또 구속된 자의 수도 기독교인이 가장 많았으며 여성 피검자의 경우 65.6%가 기독교인이었다.

그뿐 아니라 흥사단, 신민회, 대한자강회, 대한애국부인회, 대한적십자회 등 기독교인이 만든 단체를 통해 애국운동과 시민계몽운동이 펼쳐졌다.

갈수록 소금의 역할을 잃어가는 한국교회의 모습을 보며 이제는 자성하고 본연의 모습으로 돌아와야 하지 않을까 생각한다.

류시화 시인의 「소금」이라는 시에 "소금이 바다의 상처라는 걸 아는 사람은 많지 않다 ~ 그 눈물이 있어 이 세상 모든 것이 맛을 낸다는 것을…"이란 구절이 있다. 시인의 성향이야 어떻든 오늘날 기독교인도 한 번쯤은 감상해 볼 만한 시라고 생각한다.

신학 공부를 할 때 재미있게 읽었던 책 중 하나가 박기삼 씨가 쓴 「거꾸로 사는 삶」이다. 대장간 출판사를 만들어 「대장간에서 외치는 소리」로 널리 알려진 분이기도 한데 처음 책을 읽었을 때 내용이 너무 신선하게 다가왔던 기억이 생생하다.

사실 복음서에 등장하는 예수님의 말씀은 대부분 역설적이라 할 수 있다. 세상 사람들의 입장에서는 패러독스(paradox)라는 표현을 붙일 수밖에 없는 것이 기독교의 진리이다.

"좁은 문으로 들어가라 멸망으로 인도하는 문은 크고 그 길이 넓어 그리로 들어가는 자가 많고 생명으로 인도하는 문은 좁고 길이 협착하여

찾는 자가 적음이라"(마 7:13-14)

"누구든지 자기를 높이는 자는 낮아지고 누구든지 자기를 낮추는 자는 높아지리라"(마 23:12)

"너희에게 이르노니 너희 원수를 사랑하며 너희를 박해하는 자를 위하여 기도하라"(마 5:44)

"누구든지 나를 따라오려거든 자기를 부인하고 자기 십자가를 지고 나를 따를 것이니라"(마 16:24)

듣기에는 좋을지 몰라도 이렇게 산다는 것은 쉬운 일이 아니다.

거친 강물을 거꾸로 거슬러 올라가는 연어와 같이 세상의 편한 길을 버리고 거꾸로 살아가는 삶을 선택하는 것 자체가 쉬운 것이 아니다. 그래서 많은 기독교인이 이 땅에서도 잘 살고 천국에서도 잘 사는 길을 모색하는 것은 아닐까?

광야에서 회개하라고 외치던 세례 요한처럼 누군가는 대장간에서 외치고, 사회 곳곳에서 기독교의 참된 가르침을 외치는 자의 소리가 끊겨서는 안된다고 생각한다.

K 교회에서의 3년이라는 시간은 사역과는 별개로 교회 내부의 문제로 인해 겪어야만 했던 고통의 시간들이었지

만 그럼에도 또 다른 의미에서 강한 훈련의 과정이었음을 많은 시간이 지난 후에야 깨달을 수 있었다. 그렇게 6년 동안을 부목사로 사역하며 부족한 부분들을 채우게 되었을 때 앞으로 다가올 목회에 대해 조금씩 꿈을 꾸기 시작했다.

하나님이 원하시는 '참된 목회란 무엇일까?'에 대해 많이 고민했고 기도했다. 그리고 그때 주어진 말씀이 바로 '향유담은옥합'이었다.

누가복음 7장에 '한 여인'이 등장한다.

성경에 등장하는 이 여인은 이름도 없이, '그 동네에 죄를 지은 한 여자'라고만 소개되었다. 다른 누군가에게 '죄를 지은 자'라는 낙인이 찍혀 살아간다는 것은 얼마나 슬픈 일인가.

'나는 누군가에게 어떤 존재일까?'

짧은 한마디로 소개할 때 나는 다른 사람에게 어떻게 불리는 존재일까?

"한 바리새인이 예수께 자기와 함께 잡수시기를 청하니 이에 바리새인의 집에 들어가 앉으셨을 때에 그 동네에 죄를 지은 한 여자가 있어 예수께서 바리새인의 집에 앉아 계심을 알고 향유담은옥합을 가지고 와서 예수의 뒤로 그 발 곁에 서서 울며 눈물로 그 발을 적시고 자기 머리털로 닦고 그 발에 입맞추고 향유를 부으니 예수를 청한 바리새인이 그것을 보고 마음에 이르되 이 사람이 만일 선지자라면 자기를 만지는 이 여자가 누구며 어떠한 자 곧 죄인인 줄을 알았으리라 하거늘 예수께서 대답하여 이르시되 시몬아 내가 네게 이를 말이 있다 하시니 그가 이르되 선생님 말씀하소서 이르시되 빚 주는 사람에게 빚진 자가 둘이 있어 하나는 오백 데나리온을 졌고 하나는 오십 데나리온을 졌는데 갚을 것이 없으므로 둘 다 탕감하여 주었으니 둘 중에 누가 그를 더 사랑하겠느냐 시몬이 대답하여 이르되 내 생각에는 많이 탕감함을 받은 자니이다 이르시되 네 판단이 옳다 하시고 그 여자를 돌아보시며 시몬에게 이르시되 이 여자를 보느냐 내가 네 집에 들어올 때 너는 내게 발 씻을 물도 주지 아니하였으되 이 여자는 눈물로 내 발을 적시고 그 머리털로 닦았으며 너는 내게 입맞추지 아니하였으되 그는 내가 들어올 때로부터 내 발에 입맞추기를 그치지 아니하였으며 너는 내 머리에 감람유도 붓지 아니하였으되 그는 향유를 내 발에 부었느니라 이러므로 내가 네게 말하노니 그의 많은 죄가 사하여졌도다 이는 그의 사랑함이 많음이라 사함을 받은 일이 적은 자는 적게 사랑하느니라 이에 여자에게 이르시되 네 죄 사함을 받았느니라 하시니 함께 앉아 있는 자들이 속으로 말하되 이가 누구이기에 죄도 사하는가 하더라 예수께서 여자에게 이르시되 네 믿음이 너를 구원하였으니 평안히 가라 하시니라"(눅 7:36-50)

이 여인의 돌발적인 행동은 당시로서는 정말 파격적인 것이었다.

당시 이스라엘 풍습은 여인이 외간 남자의 집에 함부로 들어갈 수도 없었을 뿐 아니라 죄인인 여인이 바리새인의 집에 들어간다는 것은 도저히 상상할 수 없는 행동이었기 때문이다.

그런데 이 여인이 그런 행동을 한 이유는 무엇일까? 예수님이 그 집에 계시다는 사실을 알았기 때문이다.

세상 사람들은 자신의 행동을 용납하지 않을지라도 자신에게 찾아온 일생일대의 기회를 결코 놓칠 수 없었던 것이다. 그래서 자신이 가진 가장 귀한 것, 즉 향유담은옥합을 가지고 예수님께 나아와 그 발에 입 맞추고 향유를 부어 드렸던 것이다.

그녀가 한 행동들을 눈을 감고 가만히 연상해 보자.

바리새인의 반발은 어쩌면 당연한 것일 수 있다. 그때 예수님은 '빚진 자의 비유'를 들어 이 여인이 한 행동의 근거, 즉 그런 돌발적인 행동을 하게 된 동기가 더 큰 빚을 탕감받았기 때문이라고 설명하시고 그녀의 죄를 사해

주셨다. 그리고 그녀의 믿음을 이유로 구원을 선포해 주셨다.

이 말씀을 레마로 받게 된 결정적 이유는 나 역시 이 여인과 같은 처지라고 생각한 까닭이다. 늘 주님 앞에서 죄인일 수밖에 없는 나의 모습을 보기 때문이다. 아니 어쩌면 이 여인보다 바리새인에 가까울지도 모른다. 그런데 마음속으로는 이 여인처럼 되고 싶었다.

목회자로서 양심선언을 한다면 목사이기에 일반인은 짓지 않아도 될 위선과 외식의 죄까지 더하는 경우가 수도 없이 많다는 것이다. 그리 선하지도 않으면서 선한 것처럼, 본래 자신의 모습보다 더 낫게 보이려고 거짓으로 꾸며대는 위선과 외식의 이중적인 모습으로 살아갈 수밖에 없기 때문이다.

「지킬과 하이드」에 등장하는 하이드의 모습 역시 또 다른 지킬의 일면인 것처럼 목사라는 이름으로 살아가지만 내 안에 보이지 않는 하이드(hide)가 있고 그 역시 또 다른 나의 일면이라는 걸 인정하기에 아프지만 그 한계를 지닌 채 살아갈 수밖에 없다.

"내가 원하는 바 선은 행하지 아니하고 도리어 원하지 아니하는 바 악을 행하는도다 만일 내가 원하지 아니하는 그것을 하면 이를 행하는 자는 내가 아니요 내 속에 거하는 죄니라 그러므로 내가 한 법을 깨달았노니 곧 선을 행하기 원하는 나에게 악이 함께 있는 것이로다 내 속사람으로는 하나님의 법을 즐거워하되 내 지체 속에서 한 다른 법이 내 마음의 법과 싸워 내 지체 속에 있는 죄의 법으로 나를 사로잡는 것을 보는도다 오호라 나는 곤고한 사람이로다 이 사망의 몸에서 누가 나를 건져내랴" (롬 7:19-24)

기독교 역사상 최고의 사도로 인정받는 사도 바울조차 이런 탄식을 쏟아냈다면 나 같은 사람이야 오죽할까?

사람은 누구나 하나님 앞에서 죄인일 수밖에 없다. 문제는 사함을 받은 것이 많다고 생각하여 감사한 마음으로 주님을 더 많이 사랑하는가, 사함을 받은 것이 적다고 생각하여 더 적게 사랑하는가의 차이일 뿐이다.

내가 개척하는 교회 주변에 매일같이 죄를 지으며 살아가는 이들이, 자신의 죄를 사해주신 것에 감격의 눈물을 흘리며, 머리털로 주님의 발을 닦고 향유 옥합을 깨뜨려 아낌없이 부어드렸던 여인처럼 그렇게 향유 옥합을 깨뜨리는 삶을 살아가길 소원했다. 나를 포함하여 모든 성도가 그런 삶을 살아가기를 간절히 바랐다.

'향유담은옥합(an alabaster jar of perfume)'

여기서 옥합(alabaster jar)은 석고 재질의 흰 병을 의미한다. 성경은 성도를 가리켜 질그릇에 비유한다.

"우리가 이 보배를 질그릇에 가졌으니 이는 심히 큰 능력은 하나님께 있고 우리에게 있지 아니함을 알게 하려 함이라"(고후 4:7)

우리 육신은 질그릇처럼 깨어지기 쉬운 보잘것없는 것이지만 우리 속에 담긴 '보배' 즉 예수 그리스도로 인하여 변화된 삶을 살아갈 수 있는 것이다. 예수 그리스도를 구주로 영접한 자들은 구원을 얻고, 하나님의 자녀가 되고, 거룩한 성도가 되고, 영생을 얻게 되고 매일의 삶 속에 하나님이 공급하시는 힘으로 능력 있는 삶을 살아갈 수 있게 된 것이다.

이 모든 게 나의 능력이 아닌 우리 주님의 은혜다. 이처럼 내 안에 보배를 지녔다면 당연히 보배로운 향기가 드러나야 하지 않을까?

"우리는 구원 받는 자들에게나 망하는 자들에게나 하나님 앞에서 그리스도의 향기니"(고후 2:15)

"향유담은옥합을 깨뜨린다"라는 것은 내 삶을 통해 드릴 수 있는 모든 것들, 그것이 시간이든 재능이든 은사든 재물이든 어떤 것이라도 주님께 드림으로 이를 통해 그리스도의 향기를 드러냄을 의미한다.

그런 꿈을 갖고 세워진 교회가 향유담은옥합교회이다.

안산시 상록구 사동에 비록 평수는 작지만 1층에서 3층까지 쓸 수 있는 건물을 보증금 5천만 원 월 70만 원에 얻었다.

그리고 처음 한 일이 기독교 카렌다의 성화를 그리는 김용성 화백을 찾아가 죄인인 여인이 예수님의 발에 향유를 붓고 자신의 머리털로 닦는 그림을 그려달라고 부탁했다.

처음 개척교회를 시작하느라 재정이 여의치 않다고 말씀드렸더니 김화백께서 흔쾌히 그림을 그려주셨다. 그 그림 아래에 앞에 인용한 성경

말씀 전체를 빼곡히 넣어 인쇄소에서 크게 확대하여 1층에서 3층까지 이어지는 유리창에 붙여 지나가는 사람들이 다 볼 수 있도록 하였다.

예수님의 발에 향유를 부어드리는 심정으로 내가 가진 모든 것을 다 쏟아부었다. 비록 작지만 아름다운 교회를 만들기 위해 최선을 다했다.

그런 일련의 행동 중 하나가 1층에 믿지 않는 사람들이 쉽게 다가올 수 있도록 카페를 만든 것이다. 20년 전에는 교회에 카페를 만드는 것이 그리 흔치 않은 일이었다. 기도하는 중에 카페의 이름을 '엔학고레(עֵין הַקּוֹרֵא)'라고 지었다.

무척이나 생소한 이 이름의 뜻은 무엇인가?

사사기에 우리가 너무나 잘 아는 삼손이라는 인물이 등장한다. 믿지 않는 사람도 '삼손'하면 힘이 센 자라고 알고 있다. 그런데 성경을 읽어보면 삼손은 '나실인'이었다. 나실인이란 태어날 때부터 '구별된 자'라는 뜻이다.

태어나는 순간부터 거룩하게 구별된 자가 지켜야 할 사항들이 민수기 6장에 자세하게 기록되어 있다.

"포도주와 독주를 마시지 말며 어떤 부정한 것도 먹지 말지니라 … 머리 위에 삭도를 대지 말라"(삿 13:4-5)라는 것이다.

그런데 삼손은 나실인과는 전혀 다른 삶을 살았다. 무엇보다 삼손에게 치명적인 문제는 관계했던 여인들 모두가 블레셋 여인이었다는 점이다.

블레셋에게서 이스라엘을 구원하라고 세운 사사가 이방 여인, 그것도 블레셋 여인들과 관계를 맺는다는 것은 치명적인 잘못이다. 이외에도 삼손은 나실인으로서 지켜야 할 규약들을 전혀 개의치 않고 살았다.

그런 삼손의 삶 가운데 한 번은 나귀 턱뼈 하나로 블레셋 사람 천 명을 죽인 사건이 있었다. 아무리 대단한 장사라도 한 사람이 천 명을 상대할 수는 없다. 그렇기에 삼손이 인류 역사상 가장 힘이 센 자로 알려진 것이지만 물론 그 싸움도 하나님이 함께해 주셨기에 승리한 것이다.

"삼손이 레히에 이르매 블레셋 사람들이 그에게로 마주 나가며 소리 지를 때 여호와의 영이 삼손에게 갑자기 임하시매 그의 팔 위의 밧줄이 불탄 삼과 같이 그의 결박되었던 손에서 떨어진지라 삼손이 나귀의 새 턱뼈를 보고 손을 내밀어 집어들고 그것으로 천 명을 죽이고"(삿 15:14-15)

놀라운 사건 아닌가? 여호와의 영이 갑자기 삼손에게 임하여 놀라운 힘을 얻게 되었고 나귀 턱 뼈 하나로 블레셋 사람 천 명을 죽일 수 있었던 것이다.

하지만 삼손도 완전히 탈진하여 목이 말라 죽게 될 지경에 이르렀다. 그래서 여호와 하나님께 부르짖었더니 하나님께서 물이 솟아 나오게 하셔서 그것을 마시고 정신이 회복되어 소생하니 그 샘을 '엔학고레'라 불렀다고 한다.

> "삼손이 심히 목이 말라 여호와께 부르짖어 이르되 주께서 종의 손을 통하여 이 큰 구원을 베푸셨사오나 내가 이제 목말라 죽어서 할례받지 못한 자들의 손에 떨어지겠나이다 하니 하나님이 레히에서 한 우묵한 곳을 터뜨리시니 거기서 물이 솟아나오는지라 삼손이 그것을 마시고 정신이 회복되어 소생하니 그러므로 그 샘 이름을 엔학고레라 불렀으며 그 샘이 오늘까지 레히에 있더라"(삿 15:18-19)

나실인으로 태어났음에도 하나님의 뜻과는 전혀 무관한 삶을 살았던 삼손, 그의 일생에 여호와께 부르짖어 기도했다는 기록은 성경에 단 두 번 등장한다. 그중 태어나서 처음으로 여호와께 부르짖어 기도했던 순간 하나님께서 삼손의 기도에 응답하셔서 우묵한 곳을 터뜨려 물이 솟아 나오게 하셨고, 그 물을 마시고 회복되어 소생하게 되었고, 그래서 그 샘의 이름을 '엔학고레'라 부르게 된 것이다.

엔학고레의 뜻은 '부르짖는 자의 샘'이다.

세상 모든 사람들은 다 하나님께 지음 받은 존재이지만 하나님의 뜻과는 무관하게 살아가고 있지 않은가? 그런 자들이 인생의 가장 힘든 시기에 목마름으로 여호와께 부르짖을 때 하나님이 주시는 물을 마심으로 회복되고 소생되는 역사가 일어나는 곳, 그래서 하나님이 주시는 물이 솟아나는 곳이 되기를 바라는 마음으로 '엔학고레'라는 이름을 붙인 것이다.

그리고 연수제일교회 성도였던 허귀선 집사님을 통해 하나독서문화원을 알게 되고 이를 통해 영재교육에 관심을 두게 되어 동네 어린아이들을 모집해 교육하게 되었다. 그때 이름도 '엔학고레 스쿨'이라고 지었는데, 하나님께 기도하는 중에 언어유희(言語遊戲)지만 엔학고레를 한자어로 '언학고래'(言學考來)라고 하면 '말씀을 배움으로 미래를 생각한다'는 뜻이 되기에 이를 하나님이 주신 지혜라고 받아들여 엔학고레 스쿨이라는 이름을 붙이게 되었다.

매주 월요일부터 금요일까지, 매일 오후 4시부터 9시까지 아이들과 함께 하였다. 이외에 준비하는 시간까지 합치면 거의 모든 시간을 쏟아부었고 들이는 시간만큼 삶의 가장 중요한 우선순위가 되었다.

이처럼 순수한 열정으로 일한 까닭에 3년 정도의 시간이 흐른 후에는 주위에 소문이 나며 학부모들이 하나둘씩 찾아오기 시작했다. 자녀를 영어 유치원에 보냈던 분들이나 공동 육아를 하셨던 분들, 어린 자녀를 둔 초등학교 교사분 등 자녀교육에 관심이 많은 어머니들이 찾아오셨다.

작은 장소에 스무 명이 넘는 아이들을 교육할 수 있게 된 것은 물론 팀장님과 교사들의 수고와 하나독서문화원의 후원으로 아름다운 결실을 맺게 되었다고 생각한다. 하지만 아이들의 교육비 문제로 갈등이 생겼고, 그로 인해 영재교육을 그만두게 되었다.

교육을 위해 많은 책을 갖추다 보니 작은 도서관을 운영하기도 했고, 교회에서 운영하는 기관들을 통해 교회가 부흥되기를 꿈꾸었지만 나의 소원과는 달리 교회는 계속 어려운 상황에 직면하게 되었다. 신앙이 좋은 분들도 개척교회를 꺼리는 분위기에서 힘들게 교육하여 어느 정도 신앙이 자라면 개인적인 사정으로 이사를 가게 되고 (물론 더 좋은 조건으로 가는 경우가 많지만) 결국 교인들이 몇 명 남지 않게 되었다.

17년이 넘는 시간을 매달렸지만 재정적인 어려움으로 다달이 내는 월세조차 버거워 내 삶의 아름다운 흔적들이 담겨 있던 장소를 결국 떠날 수밖에 없었다. 결코 내가 원한 것이 아니었지만 마치 지우개로 지워버린 것처럼 모든 것이 사라진 순간, 또다시 누군가를 향해 요나처럼 원망과 불평을 털어놓기도 하였다.

그렇게 힘든 시간을 보내고 있을 무렵 내가 속한 교단에서 마침 목회자의 이중직에 대한 법안이 통과되었고 그런 시점에 찾아간 곳이 충남 목천에 소재한 보람상조 교육원이었다.

그곳에서 제2기 교육생으로 교육을 받게 된 것이 기독교 장례에 첫발을 내딛는 계기가 되었다. 3개월간의 이론교육을 마치고 의정부 보람장례식장과 인천 신세기 장례식장에서 3개월간의 실습교육을 마친 후 6개월 만에 장례지도사 자격증을 취득했다.

하지만 목회자는 제사 문제에 부딪힐 수밖에 없기에 일반 장례에서 일하는 데 한계를 느끼게 되어 장례지도사로서 이중직을 하려는 계획을 내려놓을 수밖에 없었다.

또다시 힘든 시간을 보내던 중에 원목으로 사역하는 기회가 주어졌는데 경기도 시흥의 C병원에서 낸 구인 광고를 보고 찾아가 면담을 한 것이다. 사역은 자비량으로 하는데 후원금을 받아 사역하라는 것이다. 난감한 상황이었지만 하나님의 일을 할 수 있다는 사실만으로 기쁜 마음으로 일을 시작하였다.

C병원에서 주어진 사역은 매일같이 병실을 라운딩 하며 환우들을 돌보는 일이었다. 월요일부터 목요일까지는 C병원에서, 금요일에는 부천에 있는 K병원에서 매주 700병상(C- 500병상, K- 200병상)을 돌며 그들을 위로하고 격려하며 기도하는 것은 참으로 보람된 일이었다.

오래 되었지만 정연희 작가가 쓴 「내 잔이 넘치나이다」라는 책이 있다.

한국전쟁 중에 거제도 포로수용소에 수감된 맹의순이라는 전도사님의 이야기인데 이른 아침부터 늦은 밤까지 수용소에 있는 포로들의 상처를 싸매주며 복음을 전하다가 과로로 쓰러져 죽고 말았다. 그런데 중공군 포로로 있던 이들이 보내온 편지를 통해 그의 헌신적인 삶이 재조

명되어 실화를 바탕으로 쓴 책이다.

이 책을 읽으며 많은 감동을 받았다. 무엇보다 '내 잔이 넘치나이다'라는 제목이 마음 깊숙이 여운을 남겼다.

"내가 사망의 음침한 골짜기로 다닐지라도 해를 두려워하지 않을 것은 주께서 나와 함께 하심이라 주의 지팡이와 막대기가 나를 안위하시나이다 주께서 내 원수의 목전에서 내게 상을 차려 주시고 기름을 내 머리에 부으셨으니 내 잔이 넘치나이다 내 평생에 선하심과 인자하심이 반드시 나를 따르리니 내가 여호와의 집에 영원히 살리로다"(시 23:4-6)

아무리 현실이 힘들고 어렵더라도 믿음을 갖고 살아가는 자에게 주시는 주님의 위로와 격려가 있음을 깨닫기에 이후에 주어질 상을 바라보며 헌신과 봉사의 삶을 살아갈 수 있는 것이다. 물론 맹의순이란 분처럼 하지는 못해도 부족하나마 기쁜 마음으로 봉사했다.

미국의 신경정신과 전문의인 브라이언 버드가 쓴 「환자와의 대화」라는 책이 있다.

이 책은 한 정신과 의사가 다양한 상황에 놓인 환자들의 심리를 임상 치료하며 경험한 구체적 사례들을 모은 것으로 그 분야에서는 대단한 권위를 지닌 책이다. 하지만 현실적으로는 정신과 치료를 받기 위해서는 많은 비용이 들 수밖에 없다.

K병원에서 어린 남학생을 만난 적이 있다. 불행한 사고로 부모님을 잃고 할머니와 단둘이 살고 있었는데 할머니의 잔소리에 심한 스트레스를 받아 3층 건물에서 뛰어내려 자살을 시도했다. 다행히 생명에는 지장이 없었지만 여러 번의 대수술을 거쳤고 그런 과정에서 정신과 치료도 병행하고 있었다.

그 학생이 말하기를 정신과 치료는 2주일에 한 번, 그것도 20분을 넘기지 않는 짧은 시간 동안 설문지를 작성하는 것 외에는 거의 의사와 대화를 나눈 적이 없지만 그럼에도 치료비는 만만치 않다는 것이었다.

그런 점에서 원목 사역은 언제나 편하게 대화를 나눌 수 있다.

무엇보다 사람은 영적 문제가 해결되지 않으면 근원적인 치료가 어렵다는 사실을 알기에 상처받은 영혼들을 위해 늘 하나님께 도움을 구하는 기도를 하였다.

나는 신유(神癒: 병 고침) 은사나 축사(逐祀: 귀신을 내쫓음) 은사를 받은 적이 없다. 하지만 병든 자나 귀신 들린 자를 긍휼히 여기는 마음으로 하나님께 간절히 기도하면 반드시 들어 주실 거라는 믿음이 있다. 굳이 은사가 없더라도 하나님이 자녀들의 기도를 들어주신다(마 7:9-11)고 하셨고, 부르짖어 기도하면 응답해 주신다(렘 33:3)고 약속하셨기에 그 약속에 의지하여 믿음으로 기도한 것이다.

자비량으로 하는 사역은 누군가의 후원을 받아야 하는데 도움을 요청하기가 쉽지 않았다. 그래도 개인 사정을 말할 수 있을 만큼 가까운 지인 몇 분에게 상황을 말씀드렸다.

처음부터 도움을 주신 최현기 목사님, 박선영 권사님과 따님, 이옥섭 권사님, 작은 형님, 누님과 누님이 다니던 의정부 이음교회 목사님, 면온교회에서 시무할 때 유일한 후원자였던 친구 장형석 장로님, 김형철 목사님, 박성천 목사님, 박주현 집사님, 한명옥 전도사님, 최윤아 전도사님….

이분들의 도움이 사역을 함에 큰 힘이 되었고 덕분에 환우들에게 음료수라도 사들고 갈 수 있어 얼마나 고마웠는지 모른다.

누구보다 기억에 남는 분은 강옥순 권사님이다.

이분은 시화 광진교회의 창립 멤버인데 폐와 심장이 좋지 않아 늘 힘들어하셨지만 찾아가 기도할 때마다 이어서 나를 위해 카랑카랑한 목소리로 기도해 주셨다. 이를 잊지 않기 위해 녹음해서 아직도 간직하고 있는데 어느 월요일 병실에 갔더니 권사님이 보이지 않았다.

불안한 마음에 허둥대며 간호사실로 찾아가 물었더니 이미 발인까지 끝난 상황이었다. 그날 하루 종일 마음을 잡지 못하고 힘들어했던 기억이 아직도 생생하다.

그리고 김진순 자매님은 당뇨로 조금씩 상태가 나빠져서 시간이 흐른 후에는 중환자실에서 거의 의식이 없는 상태가 되었는데 귀에 가까이 대고 기도하면 꼭 "아멘"으로 화답하셨다.

모르는 분들은 그게 무슨 대단한 일이냐고 하시겠지만, 거의 들리지도 않게 나오는 그 소리가 그분은 모든 힘을 다해서 정말 힘겹게 낸 것임을 알기에 마음의 중심을 보시는 하나님께서 기뻐하셨을 거라고 생각한다.

이런 분들을 볼 때마다 그분들의 마지막을 지켜드리고

싶다고 생각했다. 그래서 마음속으로 기독교 장례에 대한 꿈을 조금씩 키워나가게 되었다.

하지만 좋았던 시간을 뒤로하고 원목 사역을 그만둘 수밖에 없었던 이유는 설교 시에 천지인(天地人)이 삼위일체라고 하고, 사람이 죽은 후에는 윤회가 있다고 하며 외부 강사를 초빙해 천부경에 대한 세미나를 개최하는 목사님 때문이었다. 그분은 내게 자신의 신념을 따르기를 요구했다.

원목 사역의 소중함을 알기에 어떻게든 대립하지 않으려고 노력했지만 그런 요구는 타협의 여지가 없어 결국 원목 사역도 내려놓을 수밖에 없었다.

요즘 TV를 켜면 자주 등장하는 광고 중 하나가 보험과 상조에 관한 CF이다.

베이비붐 세대는 평균적으로 3명 이상의 출산을 지속했던 1955년부터 1963년까지 9년간 태어난 이들을 가리키는 것인데 베이비붐 세대의 노령화 현상으로 병원과 장례식장은 계속해서 사람이 붐빌 수밖에 없다. 그런 상황에서 이교와 사이비가 이런 곳에 깊숙이 침투하는 것이 현실이다.

원목 사역을 하는 동안 병원이 어느 곳보다 영적 전투가 치열한 곳이라는 사실을 경험할 수 있었다. 그런 점에서 정통 기독교에 속하는 교단에서 특수 목회에 대한 인식과 지경을 넓혀 원목으로 활동하는 분들이 활발하게 사역할 수 있도록 관심과 지원을 아끼지 않으셨으면 한다. 후방에서의 지원 없이 전방에서 어찌 홀로 싸울 수 있겠는가?

성경 말씀이 모두 진리라는 사실을 확실히 믿는가?

뜬금없이 이런 질문을 받으면 당황하겠지만 나는 성경에 기록되어 있는 말씀 중에서 차라리 없었으면 하고 생각되는 말씀들이 있었다. 그런데 나를 불편하게 만드는 말씀조차 진리라는 사실 때문에 성경은 진리라는 확고한 믿음을 갖게 되었다.

그런 말씀 중 하나가 성장기 때 접했던, 읽을 때마다 불편했던 "너희 중에 누가 염려함으로 그 키를 한 자라도 더할 수 있겠느냐"(마 6:27)라는 말씀이다.

나는 중학교 3년 동안 계속해서 1번이었다. 그 기준이 성적순이었다면 너무 바람직했겠지만 누구라도 짐작하다시피 그때 기준은 신장순(身長順)이었다. 키가 제일 작았기에 언제나 1번이었고 선생님들도 이름보다 '1번'이라고 부르는 게 더 편하셨는지 늘 "1번아"라고 부르셨다. 그렇게 불릴 때마다 얼마나 부끄러웠는지 모른다.

키를 조금이라도 더 키우려고 온갖 노력을 다 했지만 소용이 없었다. 그런데 위의 말씀이 나를 더 좌절하게 만들었다. 그럼에도 염려한다고 키가 더 크는 것이 아니었기에 성경은 진리라는 사실을 부인할 수 없었다.

시간이 조금 더 지난 후 한참 외모에 관심을 가질 즈음에 또 하나 불편하게 와닿던 말씀이 있었다.

"사람은 외모를 보거니와 나 여호와는 중심을 보느니라"(삼상 16:7)

하나님이 사람의 중심을 보신다는 것이 핵심인데 그 앞에 붙어 있는 "사람은 외모를 보거니와…"라는 말씀이 계속해서 거슬리는 것이었다.

"그건 사람마다 달라요. 저는 외모를 보지 않아요."

이렇게 말하는 사람들도 있지만 그런 사람들이 잘 생기거나 예쁜 연예인을 보면 어찌 그리 열광을 하는지….

"사람은 외모를 보거니와"라는 말은 뒷부분을 강조하기 위해 조건부로 붙여놓은 것에 불과하겠지만 외모에 자신이 없던 나는 그 말씀을 읽을 때마다 불편했고 그럼에도 그 말은 사실이기에 성경을 진리로 인정할 수밖에 없었다.

그런데 내게 가장 아픔으로 다가왔던 말씀이 있다.

> "가난한 자는 그의 형제들에게도 미움을 받거든 하물며 친구야 그를 멀리하지 아니하겠느냐 따라가며 말하려 할지라도 그들이 없어졌으리라" (잠 19:7)

사람이 가진 게 너무 없으면 사람 구실을 못하는 것이 요즘에만 그런 것이 아니라는 사실을 성경 말씀을 통해 알 수 있다. 물론 나보다 훨씬 더한 가난을 경험한 분들도 계시겠지만 그런 분들은 위의 말씀에 대해 충분히 공감하실 것이라고 생각한다.

밥값이 없어서, 찻값이 없어서, 차비가 없어서 누군가를 만나러 나가기 어려웠던 시간이 있었다. 그런 상황에서는 걸려오는 전화조차 불편할 수밖에 없다. 그리고 사람들과 오랫동안 만남과 대화가 없으면 인간관계는 당연히 시들해질 수밖에 없다.

그런 시간이 장기화되면 결국 사람 구실을 못하고 그런 삶은 황폐해질 수밖에 없지 않을까? 이런 시기를 겪어 본 자들은 위의 성경 구절이 진리라는 사실을 확신할 것이다.

성경은 다윗이라는 인물에 대해 많은 지면을 할애하고 있다.

어린 다윗이 골리앗을 쓰러뜨린 이야기는 교회학교 때부터 귀에 못이 박히도록 들으며 자랐다. 그럴 때마다 마음속으로 다윗과 같은 믿음의 사람이 되길 꿈꾸곤 했다.

그렇게 믿음 좋은 다윗의 인생은 어떠했을까?

물론 비교 대상은 아니지만 교회에 다니는 보통 사람들은 믿음이 좋으면 모든 게 다 잘될 거라고 믿는다. 다윗이 하나님께 대한 순전한 믿음으로 골리앗을 쓰러뜨렸을 때 온 이스라엘 백성이 환호했다. 이 정도면 그의 미래는 확실하게 보장받은 것이라 생각할 수 있을 것이다.

사울은 이미 하나님께서 버린 패(牌)요, 다윗은 이미 사무엘 선지자를 통해 기름 부음을 받지 않았는가? 다윗은 하나님이 예비해 놓으신 차기 대권주자였다.

그런데 이때부터가 고난의 시작이었다. 엄밀한 의미에서는 훈련의 시작이라 해야겠지만 당하는 입장에서는 그렇게 받아들이기가 쉽지 않았을 것이다. 질투와 시기에 눈먼 사울 왕의 다윗 제거 프로젝트가 가동된 것이다.

다윗이 사울을 피해 놉 땅에 있는 제사장 아히멜렉을 찾아가 먹을 것과 자신을 보호할 수 있는 약간의 무기를 얻었다. 그때 그곳에 도엑이라는 인물을 보고 두려워 피하는데 실제로 얼마 후 도엑의 밀고로 사울 왕에 의해 아히멜렉과 제사장 85명 등 놉 땅의 사람들이 칼로 죽게 되는 사건이 일어났다.

그런 상황에서 다윗은 블레셋 다섯 종족 중 하나인 가드의 왕 아기스를 찾아갔다. 골리앗이 가드 사람이었는데 다윗이 어쩌면 그렇게 멍청한 행동을 했는지 이해하기 어렵지만 그곳에서 죽음의 상황에 직면하게 되고 이를 모면하기 위해 미치광이 흉내를 내어 겨우 위기에서 벗어난다.

이 어려웠던 상황을 벗어난 후에 지은 시가 시편 34편이다.

"의인이 부르짖으매 여호와께서 들으시고

그들의 모든 환난에서 건지셨도다
여호와(하나님)는 마음이 상한 자를 가까이 하시고
충심으로 통회하는 자를 구원하시는도다
의인은 고난이 많으나
여호와께서 그의 모든 고난에서 건지시는도다"(시 34:17-19)

도저히 벗어날 수 없을 것 같은 상황에서 벗어나게 된 것이 하나님의 은혜라고 고백한 것이다.

사람마다 상황은 다를 수 있겠지만 사면초가의 상황에 처하는 경우, 인간의 방법으로는 도저히 헤어나올 수 없는 상황에서 할 수 있는 것이라곤 하나님께 도움을 구하는 수밖에 없다. 지은 빚이 많은 자가 탕감 받았을 때 감사가 더 큰 것처럼 인생의 큰 위기에서 구원받았을 때 감동이 더 큰 것이다. 그래서 그러한 고백이 시가 되고 찬양이 되고 간증이 된다.

물론 고난은 그것으로 끝나지 않았다.

가드에서 간신히 목숨을 부지한 채 아둘람 굴로 도망했을 때 그 형제와 아버지의 온 집이 그에게 찾아왔다. 역모죄는 온 가족이 몰살당하는 큰 죄이기 때문에 그들도 어쩔 수 없이 다윗을 찾아온 것이다. 그리고 사울의 학정으로 고통 당하던 자들(환난 당한 자, 빚진 자, 마음이 원통한 자) 400명 정도가 모였다고 했는데 이스라엘의 계수법은 여인과 아이의 수를 제외하기 때문에 그보다 더 많은 수라고 짐작할 수 있다.

자기 몸도 추스르기 힘든 상황에서 책임져야 할 식구까지 생겨난 것은 엄청난 부담이라 할 수 있지만 이들이 후일에 다윗의 용사들이 되었다. 또한 선지자 갓과 제사장 아히멜렉의 아들 아비아달이 찾아오며 서서히 조직이 구성되고 조금씩 훈련되어 갔다.

이후에도 다윗의 도피 생활은 10년간 지속되었지만 그 어려운 시기에 자신의 계획대로 이끌어가시는 하나님의 놀라운 섭리를 발견할 수 있다.

콜린 윌슨이 쓴 「아웃사이더」라는 책에 "지극히 평범하게 보이는 식물을 창조하고도 양분을 공급하여 완성으로 이끄는 '존재'가, 자기 모양대로 창조한 인간의 고난을 무관심하게 바라볼 수 있겠는가?"라는 글이 있다.

아비가일이라는 여인은 다윗을 가리켜 '여호와의 생명 싸개 속에 싸여 있는 존재'(삼상 25:29)라고 했다. 외관으로 보이는 현상이 중요한 것이 아니라 삶 속에서 역사하시는 하나님의 놀라우신 섭리를 바라볼 수 있는 영적 안목이 더 중요하다. 하나님의 역사에서 주어진 역할이 크면 클수록 훈련의 강도도 더 세질 수밖에 없다. 훈련 때 흘린 땀 한 방울이 전쟁터에서 흘릴 피 한 방울을 대신한다는 말이 있다. 그런 훈련의 과정을 잘 견뎌냈기에 하나님의 마음에 합한 자(행 13:22)가 될 수 있었을 것이다.

물론 나처럼 평범한 사람은 다윗과 같은 고난을 감당할 만한 믿음도 못되지만 원목실을 그만두고 또 얼마간 방황의 시간을 보낸 후에 찾아간 곳이 구리시에 있는 Y병원 장례식장이었다.

> "내가 가는 길을 그가 아시나니 그가 나를 단련하신 후에는 내가 순금 같이 되어 나오리라 ~ 그는 뜻이 일정하시니 누가 능히 돌이키랴 그의 마음에 하고자 하시는 것이면 그것을 행하시나니 그런즉 내게 작정하신 것을 이루실 것이라 이런 일이 그에게 많이 있느니라"(욥 23:10, 13-14)

모든 이론보다 중요한 것이 직접적인 체험이다.

기독교 장례에 대한 이론은 어느 정도 습득했지만 본격적인 기독교 장례를 시작하기 위해서는 실제적인 체험이 있어야 했고, 장례와 관련된 모든 것을 익히기 위해서는 현장에 직접 뛰어들 수밖에 없다는 생각으로 찾아갔는데 되돌아보면 모든 것이 하나님의 계획하심과 인도하심이라고 생각한다.

무엇보다 가장 큰 걸림돌인 제사와 주일성수에 관한 것은 처음부터 목사라는 신분을 밝히고 양해를 구한 탓에 자유함을 얻을 수 있었다. 일부러 부탁한 것도 아닌데 근무가 아닌 날에도 입관이 있을 경우 나와서 보조하라고 하여 거의 매일 입관을 경험할 수 있었다.

수도권에 위치한 그리 크지 않는 장례식장들은 식당과 매점에 관한 일도 장례지도사들이 도맡아 해야 하는 까닭에 장례식장의 전체적인 흐름을 자연스럽게 익힐 수 있었다. 무엇보다 변사를 취급하는 장례식장이어서 여러 형태의 시신을 대할 수 있었던 것도 개인적으로 많은 도움이 되었다.

어느 정도 시간이 흐른 후에는 상가(喪家)가 들어설 때마다 만나는 상조회 팀장들과 대화를 나눌 기회도 많아졌고, 복지사나 도우미 여사님들, 제단 꽃 장식과 영정 사진을 취급하시는 분들, 리무진과 버스 기사님들과도 이야기를 나눌 수 있었다. 그 외 장례용품을 취급하는 분들과도 친분을 갖게 되고 많은 정보를 얻을 수 있었다.

그 무엇보다 같은 조에 근무하는 사수 박판진 부장님을 통해 그분의 오랜 경험을 배울 수 있었고, 처음부터 친절하게 대해주셨던 장례식장 전체를 운영하는 이미선 부장님, 그리고 장례지도사님들, 주차요원들, 식당에 근무하는 여사님들 모두가 따뜻하게 대해주셔서 한 가족처럼 지낼 수 있었다.

기독교 장례에 대한 꿈들이 현실로 이루어지기까지 마치 작은 퍼즐들이 하나둘씩 맞춰져 가는 시기에 하나님께서 내게 주신 또 하나의 말씀이 향유담은옥합이었다. 그런데 지금 소개하려는 향유담은옥합은 앞에서 말씀드렸던 향유담은옥합과는 또 다른 이야기라 할 수 있다.

'향유담은옥합'에 대한 이야기는 사복음서 모두에 기록되어 있지만 앞에서 말씀드린 죄인인 한 여인이 주님께 향유를 부은 사건은 누가복음에만 기록되어 있고 나머지 복음서에는 그와는 또 다른 사건의 향유담은옥합에 대한 이야기가 기록되어 있다.

"한 여자가 매우 귀한 향유 한 옥합을 가지고 나아와서 식사하시는 예수의 머리에 부으니 제자들이 보고 분개하여 이르되 무슨 의도로 이것을 허비하느냐 이것을 비싼 값에 팔아 가난한 자들에게 줄 수 있었겠도다 하거늘 예수께서 아시고 그들에게 이르시되 너희가 어찌하여 이 여자를 괴롭게 하느냐 그가 내게 좋은 일을 하였느니라 가난한 자들은 항상 너희와 함께 있거니와 나는 항상 함께 있지 아니하리라 이 여자가 내 몸에 이 향유를 부은 것은 내 장례를 위하여 함이니라 내가 진실로 너희에게 이르노니 온 천하에 어디서든지 이 복음이 전파되는 곳에서는 이 여자가 행한 일도 말하여 그를 기억하리라 하시니라"(마 26:7-13)

이외에 마가복음 14장과 요한복음 12장에 같은 내용의 이야기가 기록되어 있는데 이를 통해 알 수 있는 사실은 예수님이 돌아가시기 며칠 전 예루살렘 부근 베다니라는 동네에서 있었던 일로 예수님께 향유를 부은 여인의 이름은 마리아이며, 예수님을 팔아넘긴 가룟 유다가 마리아를 향해 불평을 터뜨렸다는 점 등이다. 그리고 무엇보다 중요한 것 그래서 세 복음서에 공통적으로 기록하고 있는 사실은 이 여인이 한 행동이 예수님의 장례를 위한 것이었다는 점이다.

예수님은 자신이 당하게 될 수난과 죽음에 대해 제자들에게 분명히 말씀하셨다. 하지만 제자들 중 어느 누구도 예수님의 죽음에 대해 큰 관심을 보이지 않았다. 유월절을 위해 예루살렘에 왔다가 예수님을 향해 환호성을 지르던 수많은 무리들은 당연히 예수님의 장례에 대해 아무런 관심도 없었다. 예수님의 장례에 대해 관심을 갖고 준비를 했던 사람은 마리아가 유일했다.

그러면 마리아는 어떻게 예수님의 장례에 대해 준비를 할 수 있었을까? 명확하게 답할 수는 없지만 성경에 약간의 힌트를 얻을만한 구절이 있다.

"예수께서 한 마을에 들어가시매 마르다라 이름하는 한 여자가 자기 집으로 영접하더라 그에게 마리아라 하는 동생이 있어 주의 발치에 앉아 그의 말씀을 듣더니 마르다는 준비하는 일이 많아 마음이 분주한지라 예수께 나아가 이르되 주여 내 동생이 나 혼자 일하게 두는 것을 생각하지 아니하시나이까 그를 명하사 나를 도와주라 하소서 주께서 대답하여 이르시되 마르다야 마르다야 네가 많은 일로 염려하고 근심하나 몇 가지만 하든지 혹은 한 가지만이라도 족하니라 마리아는 이 좋은 편을 택하였으니 빼앗기지 아니하리라 하시니라"(눅 10:38-42)

예수님은 공생애 기간 동안 예루살렘에 올라가실 때마다 베다니라는 동네에 있는 나사로의 집에서 자주 유숙하셨음을 알 수 있다. 나사로를 살리신 사건에 대해서는 누구나 잘 알고 있는데 나사로의 여동생이 마르다와 마리아이다.

마르다는 예수님을 영접하고 준비하는 일에 마음이 분주했지만 마리아는 주님의 발치에 앉아 말씀만 듣고 있었기에 마르다는 동생이 자신을 도와주도록 예수님께 간청했다.

얼핏 보면 주님을 대접하기 위해 분주하게 일하는 마르다가 주님을 더 사랑하는 것 같고 그런 상황에서 편하게 앉아 주님의 말씀만 듣고 있는 마리아의 태도는 매우 이기적으로 보일 수도 있다.

하지만 주님이 보시는 시각은 평범한 우리의 상식을 뛰어넘는다. 예수님은 마리아가 좋은 편을 선택하셨다고 분명하게 말씀하셨다.

물론 이 둘의 문제는 누가 맞고, 틀리냐의 절대 평가가 아니라 두 가지 행동 중 무엇이 더 나은가 하는 상대 평가이다. 이를 통해 성도가 가져야 할 올바른 신앙관에 대해 말씀해 주신 것이다.

이 말씀이 있기 전 어떤 율법 교사가 예수님께 "내가 무엇을 하여야 영생을 얻으리이까?"라고 질문하는 사건이 있다. 어쩌면 이 사건은 그에 대한 답을 분명하게 제시한 것이라고도 볼 수 있다.

'무엇을 할 것이냐'(to do)의 문제와 '무엇이 되느냐'(to be)의 문제는 신앙의 우선순위를 어디에 두어야 하는가에 대해 우리에게 분명하게 가르쳐준다. 신앙은 무엇을 하느냐의 문제보다 무엇이 되느냐가 우선되어야 한다는 점을 반드시 기억해야 한다.

마르다의 관심은 자신이 주인이기에 어떻게 하면 손님을 잘 대접하느냐(to do)에 있지만, 마리아는 주님의 발치에서 그분의 말씀에 집중하며 주님의 제자가 되느냐(to be)에 관심을 두고 있다. 무엇보다 마리아는 영적 갈망을 갖고 주님의 말씀에 귀를 기울였다.

물론 교회에는 열심히 봉사하는 분들이 필요하지만 예수님은 봉사 이전에 말씀을 듣는 것이 더 중요함을 분명하게 가르쳐 주셨다.

나는 '성경은 인간을 향해 보내신 하나님의 편지'라고 생각한다.

하나님이 한 사람 한 사람을 개별적으로 만나 대화를 나누시는 것은 쉬운 일도 아니고 바람직한 일도 아니다. 그래서 자신의 뜻을 담아 모든 인류를 향해 보내신 편지, 그래서 우리는 이를 읽으며 하나님의 뜻을 알 수 있고 (우리의 눈높이에 맞추어 쓰신 까닭에) 그분의 사랑을 느낄 수 있고, 그분이 우리에게 원하시는 바가 무엇인지도 배울 수 있다.

그래서 성경은 하나님께서 우리에게 주신 사용설명서

라고도 할 수 있다. 하나님이 만드신 우주, 우리가 살아가기에 가장 적합한 상태로 꾸며진 모든 환경 속에서 살아가는 우리가 어떻게 하는 것이 가장 아름다운 삶을 살아가는 것인지, 성경에 기록된 말씀들을 통해 자세하게 설명해 주신 것이다.

"주의 말씀의 맛이 내게 어찌 그리 단지요 내 입에 꿀보다 더 다니이다"(시 119:103)

시편 기자가 느꼈던 꿀맛보다 더 달다고 하는 말씀의 맛을 느껴 본 적이 있는가? 그 맛을 느껴본 경험이 있다면 어찌 꿀맛에 비교할 수 있을까? 인간의 언어로는 달리 표현할 수 없기에 그렇게 표현할 수밖에 없었을 뿐이라고 생각한다.

힘든 상황을 겪고 있던 때, 한 번은 기도원 화장실 벽에 쓰인 성경 구절을 읽으며 그 자리에서 한참을 울었던 기억이 있다.

"여호와여 내가 알거니와 주의 심판은 의로우시고 주께서 나를 괴롭게 하심은 성실하심 때문이니이다"(시 119:75)

내가 이렇게 힘든 시간을 보내고 있는 것도 나에 대한

하나님의 성실하심 때문이라는 것, 그냥 나를 무관심하게 내버려두지 않으시고 주님의 뜻대로 계속 다듬고 계시다는 것, 그래서 당장은 괴로움으로 비춰지지만 언젠가 하나의 작품으로 완성될 것이라는 주님의 위로하심….

하지만 우리 주변에는 주님의 말씀을 하찮게 여기는 자들이 수없이 많다.

> "거룩한 것을 개에게 주지 말며 너희 진주를 돼지 앞에 던지지 말라 그들이 그것을 발로 밟고 돌이켜 너희를 찢어 상하게 할까 염려하라"(마태복음 7:6)

개가 거룩한 것의 의미를 어찌 알 수 있을까? 돼지에게 진주를 던져봐야 무슨 소용이 있을까?

귀한 것도 그 가치를 아는 자들에게나 소용이 있는 것이지 가치를 모르는 자들에게는 아무런 의미도 없을 것이다. 하나님 없이 홀로서기를 할 자신이 있다고 생각하는 까닭에 수많은 사람이 하나님의 말씀을 조금도 진지하게 여기지 않는 시대에 우리는 살고 있다.

트리나 폴러스가 쓴 「꽃들에게 희망을」이라는 책에 '애벌레 기둥'이 나온다. 애벌레로 이루어진 기둥에서 애벌레들은 꼭대기로 오르는 것이 최고의 목표이다. '밟고 올라서느냐 밟혀서 떨어지느냐'라는 현실 앞에서 상대는 장애물이요, 나를 위협하는 존재일 뿐 그래서 어떻게든 꼭대기에 올라가기 위해 이용할 따름이다.

그렇게 애써서 올라간 결과가 무엇일까? 꼭대기에는 아무 것도 없다. 다만 그 옆에 수많은 기둥들이 보일 뿐이다.

헤밍웨이의 단편소설「킬리만자로의 눈」서두에 이런 글이 있다.

킬리만자로는 높이가 19,170피트 되는 눈덮인 산으로 아프리카 대륙의 최고봉이다. 서쪽 봉우리는 마사이어로 '누가예 누가이' 즉 '신(神)의 집'이라 불린다. 그 서쪽 봉우리 정상에는 얼어 붙은 표범 한 마리의 시체가 있다. 도대체 그 높은 곳에서 표범은 무엇을 찾고 있었던가? 아무도 설명해 주는 사람은 없었다.

조용필 씨의 '킬리만자로의 표범'이란 노래 때문에 익숙해진 가사인데 먹을 것이라곤 아무것도 없는 눈 덮인 산 정상에 올라가 얼어 죽은 표범, 이 역시 꼭대기에 올라가려고 발버둥치는 애벌레처럼 인간의 삶을 상징하는 것이다. 물론 정상에 오르지도 못하고 포기해 버린 군상(群像)들이 더 많겠지만 말이다.

애벌레 기둥에서 바둥거리는 사람들에게 세상은 살벌한 전쟁터요, 그런 세상에서 살아남는다는 것은 결코 쉬운 일이 아니다. 하지만 성경이 말하는 인간의 삶은 그런 것이 아니다.

물론 죽음과 같은 번데기의 과정을 거치기는 하지만 창공을 훨훨 나는 아름다운 나비로 변화되는 것, 죽음의 과정을 거쳐 영적 존재로 변화되어 살아가게 될 영원한 천국이 있다는 것이 성경의 가르침이다.

하지만 대부분의 사람은 성경의 가르침에 전혀 귀 기울이려 하지 않는다.

마태복음에 예수님께서 제자들에게 자신의 수난과 죽음에 대해 세 번씩이나 말씀해 주셨던 것을 볼 수 있다. 빌립보 가이사랴에서 베드로의 신앙고백이 있은 직후 처음으로 수난과 죽음에 대해 예고하셨고 이후에도 구체적으로 말씀하셨고 계속해서 '제 삼일에 다시 살아나실 것'을 말씀하셨다.

하지만 어느 누구도 주님의 말씀에 귀를 기울이지 않고 관심을 두지 않았지만 주의 발치에 앉아 예수님의 말씀을 듣는데 열중했던 마리아만이 홀로 예수님의 장례를 준비했던 것이다.

성경에 마리아가 예수님께 부어드린 향유는 '나드'라는 것인데 '순전한 나드'라고 표현한 것은 당시 일반적으로 사용하는 향유는 원액에 포도주를 섞어 사용한 것임에 반해 순전히 나드만으로 정제한 것을 의미한다.

나드는 주로 인도에서 자라는 '나르도스타키스 자타만시'(Nardostachys Jatamansi)라는 식물에서 채취한 것으로 무역이 발달하지 못한 당시에는 전량 수입에 의존했기에 대단히 귀하고 비쌀 수밖에 없었다. 솔로몬이 지은 아가서에도 나드를 두 차례나 언급한 것을 볼 때 고대 궁중에서 사용했던 값진 향품이었다는 사실을 알 수 있다.

성경에는 향유의 가격이 300데나리온이라 했는데 당시 일용직 노동자의 품삯이 1데나리온인 것을 감안한다면 단 한 푼도 쓰지 않고 1년을 꼬박 모아야만 살 수 있는, 그녀에게는 전 재산이나 다름없는 소중한 향유를 부어드렸다는 것은 대단한 결단이라 할 수 있다.

그런 그녀의 행위를 두고 가룟 유다가 "이 향유를 어찌 하여 삼백 데나리온에 팔아 가난한 자들에게 주지 아니하였느냐"라고 불평한 것은 당연히 나올 수 있는 주장이라고 생각한다.

예수님도 가난한 자들의 구제에 대해 가르치셨다. 하지만 가룟 유다가 이런 주장을 한 것에 대해 "가난한 자들을 생각함이 아니요 그는 도둑이라 돈궤를 맡고 거기 넣는 것을 훔쳐 감이러라"라고 성경은 분명하게 밝히고 있다.

물론 가룟 유다를 비난하는데 아까운 지면과 시간을 허비할 마음은 전혀 없다. 우리의 관심은 예수님의 장례를 준비했던 마리아라는 여인에게 있을 뿐이다. 물론 예수님의 죽음을 생각하며 그 여인이 홀로 느꼈을 감정에 대해서도 깊이 언급할 마음이 전혀 없다.

예수님의 탄생과 죽음의 의미까지 이제는 모든 사람들이 알고 있지만 당시에는 이에 대해 아는 자가 전무했다. 인류의 죄를 위해 십자가를 지셔야 했던 예수님의 죽음에 대해 어느 누구도 관심을 두지 않는 상황에서 마리아만이 값진 향유를 준비하여 부어드린 것이다.

우리의 관심은 '하나님의 말씀'이다. 마리아가 이처럼

아름다운 행동을 할 수 있었던 요인은 주님의 말씀에 귀를 기울였기 때문이다. 이 말씀 속에 우리 주 예수 그리스도를 아는 지식이 들어있는 까닭이다.

"그러나 무엇이든지 내게 유익하던 것을 내가 그리스도를 위하여 다 해로 여길뿐더러 또한 모든 것을 해로 여김은 내 주 그리스도 예수를 아는 지식이 가장 고상하기 때문이라 내가 그를 위하여 모든 것을 잃어버리고 배설물로 여김은 그리스도를 얻고 그 안에서 발견되려 함이니…"(빌 3:7-9)

사도 바울이 갖춘 스펙(specification), 라이선스(license) 등이 예수 그리스도를 아는 지식에 비하면 한낱 배설물에 불과하다는 것이다. 정상적인 인간이라면 자기가 싸놓은 배설물에 대해 향수(鄕愁)에 빠질 리가 없다. 사도 바울과 마리아는 예수 그리스도를 아는 지식의 고상함을 발견한 인물이라 할 수 있다.

그런 자들은 주님을 위해 자신의 것을 아낌없이 내어드릴 수 있다. 향유가 아니라 자신의 생명까지도 아낌없이 내어놓을 수 있다.

시오노 나나미가 쓴 「로마인 이야기」는 네로 황제 때 일어났던 기독교인에 대한 대학살 사건에 대해 자세하게 설명하고 있다.

로마 대화재 사건이 발단이 되었는데 왜 네로는 기독교인을 방화범으로 지목했을까? 로마 사회의 일원이 되기를 거부한 점에서 기독교도와 마찬가지인 유대교인은 어떻게 방화 혐의를 면할 수 있었을까?

로마는 다신교 민족인 까닭에 종교에 대해서는 관대했고, 기독교에 대해서도 허용하는 방침을 취했다. 그런 로마인이 보기에 기독교는 유대교의 한 분파에 불과했을 뿐이다.

유대교와 기독교의 차이는 무엇인가?

유대인은 선민사상을 갖고 있다. 그런데 자신들이 아닌 다른 민족도 신의 선택을 받는다면, 유대인은 더 이상 선민이 될 수 없다. 그런 까닭에 유대인은 자신들이 갖고 있는 유일 신앙을 타인에게 포교하지 않는다. 그래서 로마 황제는 유대인의 종교에 대해 관용을 베풀었다.

하지만 기독교는 그냥 내버려 두지 않는 종교이다. 로마 황제가 내버려 두려 해도 기독교가 내버려 두지 않는다는 말이다. 구원받은 기독교인에게는 구원받지 못한 사람을 구원해야 할 사명이 있기 때문이다.

로마가 보인 종교적 관용은 상대방에 대한 동의가 아니라 상대방을 단지 존재로서 인정해 주는 것뿐이다. 하지만 자신들의 유일 신앙 때문에 황제를 신으로 인정하지 않는 자들이 자신들의 신앙을 다른 이들에게 적극적으로 전하는 것을 그대로 방치할 경우 엄청난 사회적 혼란을 유발하는 요인이 될 수 있다. 그런 이유로 네로 황제는 로마 대화재로 인해 자신에게 쏟아지는 공격을 교묘하게 기독교인에게 돌린 것이다.

역사적 사료에 의하면 붙잡혀온 기독교인은 자신의 신앙을 부인하기만 하면 석방될 수 있었다. 그럼에도 그들은 순교를 택했다.

초대 기독교가 로마를 종교적으로 정복할 수 있었던 힘이 바로 여기에 있었다. 주님을 위해 자신의 생명까지도 아낌없이 내놓을 수 있었던 것은 말씀을 100% 믿기 때문이다.

"가난한 자들은 항상 너희와 함께 있으니 아무 때라도 원하는 대로 도울 수 있거니와 나는 너희와 항상 함께 있지 아니하리라"(막 14:7)

여기서 '죽음'의 정체성에 대해 생각해 볼 수 있다. 즉 더 이상 함께 있지 못하는 것이 죽음이다. 육신의 옷을 벗어버리는 순간 이 땅에서의 모든 것과는 이별이 될 수밖에 없다. 물론 예수님은 죽은지 사흘만에 다시 부활하셨고 제자들을 만나기도 하셨지만 이는 인류 역사상 단 한 번의 예외일 뿐이고 그럼에도 40일이라는 시간적 제한이 있었다.

요즘 기독교 장례를 '천국 환송예배'라고 부르기도 한다. 성경적으로는 아무런 문제가 없지만 정서상으로는 약간의 불편함이 있을 수 있다. 친하게 지내던 사람이 멀리 떠나 자주 볼 수 없게 된 경우에도 다시 만나기 어렵다는 것 때문에 마음에 아쉬움이 남는 것은 인지상정이다.

그런데 가장 사랑하는 사람을 이 땅에 사는 동안에는 다시 볼 수 없다고 생각하면 아무리 믿음이 좋은 사람이라도 어찌 마음이 아프지 않을까? 물론 그리스도인은 죽음 이후의 부활과 천국에서의 영생에 대한 믿음을 가진 사람들이다. 때문에 죽음 앞에서도 자신의 신앙을 결코 부인하지 않지만 당장 눈앞의 현실적인 슬픔을 어느 정도 이해할 수 있다면 남겨진 가족들의 정서를 약간은 헤아릴 아량이 바람직하지 않을까?

사람이 자기 마음을 이해해 주는 사람을 만나는 것은 쉬운 일이 아니다. 정말 자신의 마음속 깊은 곳까지 나눌 수 있는 친구가 있다면 얼마나 행복한 일인가?

"사람이 친구를 위하여 자기 목숨을 버리면 이보다 더 큰 사랑이 없나니"(요 15:13)

예수님은 자신이 말씀하신 대로 자신의 목숨을 버려 우리의 참된 친구가 되셨지만 정작 누가 그분의 친구가 되어 주었는가? 누가 그분의 마음을 조금이라도 이해해 주었는가?

예수님의 삶에서 가장 큰 관심사는 '죽음'이었을 것이다. 예수님의 죽음이 인류 구원 프로젝트의 하이라이트인 까닭이다. 사탄(뱀)의 유혹으로 아담과 하와가 선악과를 먹은 순간 "네가 먹는 날에는 반드시 죽으리라"(창 2:17)라고 하신 약속대로 인간에게 죽음이 찾아왔다.

그때 하나님이 주신 말씀이 앞에서 말씀드린 '원시복음'이다.

"내가 너로 여자와 원수가 되게 하고 네 후손도 여자의 후손과 원수가 되게 하리니 여자의 후손은 네 머리를 상하게 할 것이요 너는 그의 발꿈

치를 상하게 할 것이니라"(창 3:15)

예언대로 하나님의 구원 역사(구속사)가 시간의 흐름을 따라 서서히 진행되었고 예수님의 죽음을 통해 온전히 성취된 것이다.

동정녀 마리아에게서 나신 여자의 후손 예수 그리스도를 십자가에 못 박아 죽게 한 사탄의 행위가 그의 발꿈치를 상하게 한 것이라면, 사흘 만에 부활하시어 죽음의 권세를 깨뜨리고 그를 믿는 자마다 영생을 얻게 하심(죽음에서 벗어남)은 사탄의 머리를 상하게 하신 것이다.

인류 역사에 이보다 더 중요한 사건이 또 있을까?

인간의 몸을 입고 이 땅에 오신 하나님, 하지만 어느 누구도 그의 메시지에 귀 기울이지 않았기에 십자가를 향해 나아가시는 예수님의 발걸음은 고독할 수밖에 없었을 것이다. 그런데 단 한 여인, 항상 주님의 말씀에 귀를 기울였던 마리아가 그분의 죽음을 위해 아름다운 것을 준비한 것이다.

예수님은 분명히 이 여인의 행동이 무엇을 위한 것이었는가를 말씀해 주셨다.

“그는 힘을 다하여 내 몸에 향유를 부어 내 장례를 미리 준비하였느니라”(막 14:8)

주님의 장례를 위해 힘을 다해 준비한 여인, 그랬기에 “내가 진실로 너희에게 이르노니 온 천하에 어디서든지 이 복음이 전파되는 곳에서는 이 여자가 행한 일도 말하여 그를 기억하리라 하시니라”(마 26:13)라고 하신 것이다.

1995년 이스라엘의 수도 예루살렘에서 ‘예루살렘 3000’이라는 행사가 열렸다. 고대 이스라엘인에 의해 이 도시가 최초로 정복된 이래 3000년이 된 것을 기념하기 위한 고고학적인 전시로 17개월에 걸쳐 축제가 이어졌다. 예루살렘은 유대인뿐 아니라 기독교인(가톨릭 포함), 이슬람교도의 성지로 알려져 있다.

2020년 종교별 인구분포도에 따르면 기독교가 23억 명, 이슬람은 19억 명으로 유대인까지 포함하면 43억에 가까운 숫자라고 할 수 있다. 현재 지구상의 77억의 인구 중 60%에 가까운 사람이 하나님(물론 이슬람은 신의 명칭도 다르고 그들의 믿음도 다르지만)을 믿고 있다. 이들 외에도 성경에 대해 약간의 지식이라도 갖춘 사람은 마리아라는 여인이 예수님께 향유를 부은 사건에 대해 알고 있으리라 생각한다.

우리 세대뿐 아니라 복음이 전파되는 동안에는 어느 시점, 어느 장소에든지 이 여인이 행한 일에 대해 사람들이 기억하게 하리라는 주님의 예언!

주님의 장례를 위해 최선을 다해 준비한 마리아의 헌신보다 훨씬 큰 것으로 보상해 주시는 주님의 크신 사랑!

이 말씀을 기독교 장례를 준비하며 주시는 두 번째 말씀, 즉 레마로 받아들이며 비록 주님께 향유를 부어드릴 수는 없지만 이 땅에 사는 동안 끝까지 믿음을 지키고 승리한 성도의 마지막 순간에 마리아가 주님께 나드 향유를 부어드렸던 것처럼 향유를 부어드리자고 생각했다.

그로 인해 그리스도인의 아름다운 향기가 드러나는 장례식이 될 수 있다면, 그 자리에 함께 한 모든 이들의 마음속에 아름다운 모습으로 영원히 기억될 수 있다면 하는 바람이다.

> "하늘에서 음성이 나서 이르되 기록하라 지금 이후로 주 안에서 죽는 자들은 복이 있도다 하시매 성령이 이르시되 그러하다 그들이 수고를 그치고 쉬리니 이는 그들의 행한 일이 따름이라"(계 14:13)

"이 땅에서 믿음을 지키다 죽은 자들은 복이 있다"라고 성경은 분명하게 말씀하신다. 성경이 말씀하고 있는 복은 그들의 모든 수고에 따라 천국에서 주어질 보상이라 할 수 있지만, 예수님의 마지막이 마리아라는 여인으로 인해 조금이나마 위로가 될 수 있었던 것처럼 고인의 마지막 순간을 조금이라도 위로해 줄 수 있었으면 하는 마음으로 마리아처럼 향유를 부어드리고자 하는 것이 기독교 장례를 생각하며 받은 두 번째 레마이다.

3. 흰옷 입은 자들

C.S.루이스는「버드나무에 부는 바람」(The Wind in the Willows)이라는 동화에 등장하는 물 쥐 래트와 두더지 모울이 섬에 있는 목신(牧神) 판을 의식하며 두려워하는 모습에서 누미노제를 발견할 수 있다고 했다.

판은 그리스 신화 속에 나오는 반인반수(半人半獸)의 모습을 한 신이다. 당시 그리스 문화권에 속한 사람들은 인간이 만들어낸 신들의 이야기에 등장하는 신들에 대해 대단한 경외심을 갖고 있었다. 이러한 예를 신약성경에서도 발견할 수 있다.

> "루스드라에 발을 쓰지 못하는 한 사람이 앉아 있는데 나면서 걷지 못하게 되어 걸어 본 적이 없는 자라 바울이 말하는 것을 듣거늘 바울이 주목하여 구원 받을 만한 믿음이 그에게 있는 것을 보고 큰 소리로 이르되 네 발로 바로 일어서라 하니 그 사람이 일어나 걷는지라 무리가 바울이 한 일을 보고 루가오니아 방언으로 소리 질러 이르되 신들이 사람의 형상으로 우리 가운데 내려오셨다 하여 바나바는 제우스라 하고 바울은 그 중에 말하는 자이므로 헤르메스라 하더라 시외 제우스 신당의 제사장이 소와 화환들을 가지고 대문 앞에 와서 무리와 함께 제사하고자 하니 두 사도 바나바와 바울이 듣고 옷을 찢고 무리 가운데 뛰어 들어

가서 소리 질러 이르되 여러분이여 어찌하여 이러한 일을 하느냐 우리도 여러분과 같은 성정을 가진 사람이라 여러분에게 복음을 전하는 것은 이런 헛된 일을 버리고 천지와 바다와 그 가운데 만물을 지으시고 살아 계신 하나님께로 돌아오게 함이라 하나님이 지나간 세대에는 모든 민족으로 자기들의 길들을 가게 방임하셨으나 그러나 자기를 증언하지 아니하신 것이 아니니 곧 여러분에게 하늘로부터 비를 내리시며 결실기를 주시는 선한 일을 하사 음식과 기쁨으로 여러분의 마음에 만족하게 하셨느니라 하고 이렇게 말하여 겨우 무리를 말려 자기들에게 제사를 못하게 하니라"(행 14:8–18)

사도 바울이 제1차 전도여행 시 발생한 해프닝을 기록한 것이다.

나면서부터 걸어본 적이 없는 사람이 일어나 걷는 모습을 보고는 소리 지르며 바나바와 바울을 그리스 신화에 등장하는 제우스와 헤르메스 신이라고 생각하여 제사 지내려는 것을 제지하고 하나님에 대해 그들이 납득할 수 있도록 설명하는 내용이다.

그리스 로마 신화를 읽으면 가끔 신들이 인간의 모습을 하고 나타나는 경우를 볼 수 있는데 바울과 바나바가 전도 여행을 하던 당시의 사람들도 신화 속 이야기가 실제에서 일어날 수 있는 것처럼 받아들이고 있었음을 위의 예를 통해 잘 볼 수 있다.

어릴 적 큰 교회나 사찰 앞에 서면 자신도 모르게 숙연해지던 경험을 한 번쯤은 해보았을 것이다. 위에 등장하는 루스드라 사람들의 행동은 우리의 경험보다 훨씬 더 강렬한 경외감을 느꼈을 것이다. 그런 강렬한 경외감을 느끼게 하는 대상을 가리켜 흔히 '누미노제'(Numinose)라고 표현한다.

복음서에 예수님이 제자들과 함께 빌립보 가이사랴라는 곳에 가셨을 때 있었던 사건에 대해 기록하고 있다.

> "예수께서 빌립보 가이사랴 지방에 이르러 제자들에게 물어 이르시되 사람들이 인자를 누구라 하느냐 이르되 더러는 세례 요한, 더러는 엘리야, 어떤 이는 예레미야나 선지자 중의 하나라 하나이다 이르시되 너희는 나를 누구라 하느냐 시몬 베드로가 대답하여 이르되 주는 그리스도시요 살아 계신 하나님의 아들이시니이다 예수께서 대답하여 이르시되 바요나 시몬아 네가 복이 있도다 이를 네게 알게 한 이는 혈육이 아니요 하늘에 계신 내 아버지시니라"(마 16:13-17)

오래전 성지순례를 갔을 때 빌립보 가이사랴를 방문한 적이 있다. 빌립보 가이사랴는 이스라엘 최북단에 위치한 곳으로 요단강의 수원지이기에 경관이 매우 뛰어난 곳이었다. 당시 갈릴리 지역의 분봉왕이었던 필립 2세가 로마 황제 티베리우스 케사르(Tibelies Caesar)의 총애를 받기 위해 '가이사랴'라는 이름을 붙였지만 동명(同名)의 항구도시 가이사랴(사도행전 8:40)가 있었기에 이와 구별하기 위해 자신의 이름을 넣어 '빌립보 가이사랴'라고 칭한 것이다.

빌립보 가이사랴의 대표적인 명소 중 하나가 판 신을 제사하는 사당이다. 마을 입구에는 밤이 되면 목동들이 양들을 이끌고 유숙할 수 있는 커다란 동굴이 있어 그곳에 목축의 신인 판 신을 위한 사당을 지었을 거라 짐작할 수 있다. 그래서 빌립보 가이사랴의 원래 지명이 '파니아스'(Paneas)였고 현재는 '바니아스'(Baniyas)로 불리는 것이다.

토마스 불핀치가 쓴 「그리스 로마 신화」에 판이 아폴론과 연주 경연을 하는 장면이 있다. 판이 먼저 피리를 불고 아폴론이 이어 리라를 연주하는데 모두가 아폴론의 승리를 선언했지만 미다스 왕만이 이의를 제기했다. 이에 아폴론이 제대로 들을 줄 모르는 귀를 그냥 둘 수 없다며 잡아당겨 당나귀 귀처럼 만들었는데 여기에서 '임금님 귀는 당나귀 귀'라는 이야기가 생겨났다고 한다.

이처럼 판은 음악적으로도 재능이 뛰어난 신이기는 하지만 자신의 낮잠을 방해받으면 크게 화를 내어 사람들이

들판을 지날 때 공포를 자아내게 했다. 그로 인해 공황, 혼란을 뜻하는 패닉(panic)이라는 단어가 생겼다고도 한다.

판 신을 위한 신전이 있던 빌립보 가이사랴에서 예수님이 제자들에게 질문을 던졌다.

"사람들이 나를 누구라 하느냐?"
"너희는 나를 누구라 하느냐?"

인간의 몸을 입고 이 땅에 오신 하나님, 하지만 사람들은 예수님의 실체에 대해 전혀 알지 못했다. 그런 상황에서 예수님이 던진 질문은 인간이 만들어낸 신화 속의 한 신에 불과한 판의 신전 앞에서 오히려 초라하게 느껴질 수도, 공허하게 들려질 수도 있었을 것이다.

C.S. 루이스는 「순전한 기독교」에서 이렇게 말했다.

지금으로부터 2000년 전 어느 날 갑자기 등장한 서른 살의 젊은이가 하나님을 아버지라 부르며, 자신을 하나님과 동등한 존재처럼 말하며, 하나님께만 주어진 죄사함의 권세가 자신에게도 주어졌다며 다른 이들에게 구원을 선포하기에까지 이르는데 그럼에도 자신에 대해서는 '온유하고 겸손하다'(마 11:29)라고 말하는 그의 주장을 어떻게 받아들여야 할까?

만약 그러한 주장이 다신교나 범신론을 인정하는 나라에서 발생한 것이라면 그리 문제될 것도 없겠지만 유일신을 섬기는 유대인들에게는 결코 용납할 수 없는 일이었다. 그러면 그가 한 모든 말과 행동이 거짓에 불과한 것인가? 그렇다면 헛소리만 늘어놓는 혐오스럽기 짝이 없는 미치광이로 치부하면 그만이다.

"나는 예수를 위대한 도덕적 스승으로는 받아들일 수 있지만, 하나님과 같은 존재라고는 인정할 수 없다"라고 말하는 이들은 정말 어리석은 자들이다. 인간에 불과한 자가 그와 같은 주장을 했다면 정신병자이거나 매우 악한 자이지, 위대한 도덕적 스승이 될 수는 없는 까닭이다.

그런데 세계의 수많은 사람들이 그 젊은이의 주장대로 그를 하나님의 아들이라고, 하나님과 동등한 존재라고, 그가 한 모든 말과 행동을 진리로 받아들이며 심지어 '주님'이라고 고백하고 있다.

하지만 판 신은 어떠한가?

특별히 신화에 관심이 있는 일부 사람을 제외하고는 그

존재조차 잘 알지 못하며 설령 안다고 하더라도 대단한 신적 존재로 받아들이는 자는 거의 없을 것이다. 그저 신화에 불과할 뿐이다.

빌립보 가이사랴에서 주님의 질문에 베드로는 이렇게 대답했다.

"주는 그리스도시요 살아 계신 하나님의 아들이시니이다."

지금은 수많은 사람들의 신앙고백이 되었지만 그때 그렇게 대답할 수 있었다는 것은 참으로 놀라운 일이다. 베드로의 신앙고백이 있은 직후 예수님이 자신의 수난과 죽음, 그리고 부활에 대해 처음으로 예고하셨다.

"이때로부터 예수 그리스도께서 자기가 예루살렘에 올라가 장로들과 대제사장들과 서기관들에게 많은 고난을 받고 죽임을 당하고 제삼일에 살아나야 할 것을 제자들에게 비로소 나타내시니"(마 16:21)

예수님께 다가올 수난과 죽음 그리고 부활, 이 세 가지는 어느 것 하나도 버릴 수 없는 하나로 연결된 축과 같다. 또한 수난은 예수님뿐 아니라 그를 따르는 모든 자들에게 동일하게 주어진 사명이다.

"누구든지 나를 따라오려거든 자기를 부인하고 자기 십자가를 지고 나를 따를 것이니라"(마 16:24)

이를 흔히 '제자도'라고 부른다.

인류를 구원하시기 위해 희생 제물로 이 땅에 오신 예수님께 죽음은 피할 수 없는 길이지만 죽음이 최종적인 목적은 아니었다. 즉 죽음의 권세를 깨뜨리고 부활하심으로 자신을 믿는 모든 이에게 부활의 소망을 갖게 하셨고, 부활의 소망을 가진 자들은 주님이 예비해 놓으신 천국을 향해 나아가는 것이다.

인류 역사에 등장했던 정복자들의 이름을 거론한다면 알렉산더, 줄리어스 시저, 칭기즈칸, 나폴레옹, 히틀러 등을 들 수 있을 것이다. 그들의 삶이 당시에는 대단하게 보였을지라도 성경은 이들에 대해 이렇게 묘사하고 있다.

"귀인들을 폐하시며 세상의 사사들을 헛되게 하시나니 그들은 겨우 심기고 겨우 뿌려졌으며 그 줄기가 겨우 땅에 뿌리를 박자 곧 하나님이 입김을 부시니 그들은 말라 회오리바람에 불려 가는 초개 같도다"(사 40:23-24)

이들이 인류의 역사 가운데 차지했던 시간은 겨우 심기

고 겨우 뿌려지고 줄기가 겨우 땅에 뿌리를 박으려고 하는 짧은 순간에 불과했으며 그나마 하나님이 입김을 부으시니 회오리바람에 날아간 지푸라기처럼 어디로 사라졌는지조차 알 수 없을 정도가 되어버렸다.

파죽지세처럼 몰아치던 등장에 비해 한 사람의 인생으로 볼 때에도 단지 몇 페이지를 넘기지 못하고 끝나버리는 단편소설 같은 삶, 인류 역사상 가장 위대한 영웅이라 불리던 이들조차 하나님 앞에서는 먼지만도 못한 존재에 불과하다면 평범한 삶을 살아가는 우리네 인생이야 오죽하겠는가.

하지만 예수님의 삶은 다르다.

그분이 이 땅에 오신 것 자체가 인류의 역사를 가늠하는 기원이 되어 기원전(AD)과 기원후(BC)로 나뉘지 않았는가? '역사'(history)라는 단어조차 결국 '그의 이야기'(His story)라고 할 수 있다.

만약 내 앞에 석가나 공자, 다른 인류의 위대한 성인들이 나타난다면 그들의 사상이나 업적에 최대한 예를 표하겠지만 예수님이 오신다면 그 앞에 즉시 무릎을 꿇고 경배할 것이라고 C.S. 루이스가 말한 것은 예수 그리스도야

말로 진정한 누미노제(신적 존재로서)인 까닭이다.

헨델의 불후의 명곡「메시아」(Messiah)는 복음서와 이사야서, 시편을 바탕으로 예수 그리스도에 대한 예언과 성육신, 죽음과 부활 등의 내용을 담은 곡으로 마지막 합창 '할렐루야'를 연주할 때 그 자리에 있던 영국 왕 조지 2세와 모든 이들이 자리에서 일어설 수밖에 없었다고 한다. 그 자리에 있었던 자들 역시 누미노제를 경험했던 탓이라 생각한다.

하지만 이러한 경험들도 실제로 성도들이 천국에서 경험하게 될 놀라운 광경 앞에서는 하찮은 것에 불과하다. 구원받은 성도들이 하나님의 보좌 앞에 나아가는 장면을 상상해 보자.

각 나라와 족속과 백성과 방언에서 아무도 능히 셀 수 없는 큰 무리가 하나님의 보좌와 어린 양 예수 그리스도 앞에 서서 큰 소리로 찬양하는 모습을….

"이 일 후에 내가 보니 각 나라와 족속과 백성과 방언에서 아무도 능히 셀 수 없는 큰 무리가 나와 흰 옷을 입고 손에 종려 가지를 들고 보좌 앞과 어린 양 앞에 서서 큰 소리로 외쳐 이르되 구원하심이 보좌에 앉으신 우리 하나님과 어린 양에게 있도다 하니 … 장로 중 하나가 응답하여 나에게 이르되 이 흰 옷 입은 자들이 누구며 또 어디서 왔느냐 내가 말하기를 내 주여 당신이 아시나이다 하니 그가 나에게 이르되 이는 큰 환난에서 나오는 자들인데 어린 양의 피에 그 옷을 씻어 희게 하였느니라 그러므로 그들이 하나님의 보좌 앞에 있고 또 그의 성전에서 밤낮 하나님을 섬기매 보좌에 앉으신 이가 그들 위에 장막을 치시리니 그들이 다시는 주리지도 아니하며 목마르지도 아니하고 해나 아무 뜨거운 기운에 상하지도 아니하리니 이는 보좌 가운데에 계신 어린 양이 그들의 목자가 되사 생명수 샘으로 인도하시고 하나님께서 그들의 눈에서 모든 눈물을 씻어 주실 것임이라"(계 7:9-17)

"구원하심이 보좌에 앉으신 우리 하나님과 어린 양에게 있도다"

은혜와 감동이 넘치는 수많은 찬양들이 있어 예배와 기도회에서 그리고 성도들의 삶 속에서 수없이 불려지지만 천국에서 불려질 찬양과 어찌 비교할 수 있을까!

하나님의 보좌 앞에 모인 큰 무리들이 어떤 모습으로 변화되는지에 대해 정확히 알 수는 없지만 성경은 그들이 흰 옷을 입고 손에 종려 가지를 들고 보좌 앞에 섰다고 기록하고 있다.

"흰옷 입은 자들이 누구며 또 어디서 왔느냐?"

그에 대한 답은 "이는 큰 환난에서 나오는 자들인데 어린 양의 피에 그 옷을 씻어 희게 하였느니라"(계 7:14)라는 것이다.

이 땅에 사는 동안 자신의 신앙을 지키기 위해 큰 환난을 겪은 자들, 그들이 입은 옷은 어린 양의 피로 씻어 희게 되었다고 말씀하신다. 그리고 천국에서 열리는 어린 양의 혼인 잔치를 살펴보자.

"어린 양의 혼인 기약이 이르렀고 그의 아내가 자신을 준비하였으므로 그에게 빛나고 깨끗한 세마포 옷을 입도록 허락하셨으니 이 세마포 옷은 성도들의 옳은 행실이로다"(계 19:7-8)

천국에서 어린 양의 혼인잔치를 위해 준비된 옷, 이를 성경은 빛나고 깨끗한 세마포 옷이라고 분명히 말씀하고 있다. 그리고 세마포 옷을 '성도들의 옳은 행실'이라고 표현하고 있다.

마태복음 22장에 '혼인잔치의 비유'가 있다. 혼인 잔치에 예복을 입지 않은 자들은 결국 쫓겨나고 마는데 마지막에 이렇게 말씀하신다.

"청함을 받은 자는 많되 택함을 입은 자는 적으니라"(마 22:14)

천국에서 있을 혼인잔치에서는 어떠할까?

"어린 양의 혼인 잔치에 청함을 받은 자들은 복이 있도다 하고 또 내게 말하되 이것은 하나님의 참되신 말씀이라"(계 19:9)

어린 양의 혼인잔치에 청함을 받았는가? 그렇다면 참으로 복된 자이다. 하지만 택함을 받기까지는 그리 쉽지 않다. 택함을 입은 자의 수는 적다고 예수님께서 분명히 말씀하셨기 때문이다.

예수 그리스도의 보혈로 구원을 얻은 자들이 주님께서 허락하신 세마포를 입고 혼인잔치에 참석하는 영광을 누리게 될 순간을 생각하면 꿈만 같지 않은가? 그때 경험하게 될 누미노제의 엄청난 감격이 느껴지지 않는가?

세마포는 예수님의 장례에도 사용된 것으로 사복음서에 하나같이 예수님의 시신을 세마포로 쌌다고 기록하고 있다. 이처럼 성경에 기록된 말씀들을 통해 세마포는 성도들과 깊은 관련이 있음을 알 수 있다.

그러면 세마포는 무엇인가?

세마포는 지중해성 아마로 만든 두루마기와 같은 옷이

다. 한자로 '세'는 '가늘 세(細)', 마는 '삼 마(麻)', 포는 '베 포(布)' 즉 '가는 삼베로 만든 옷'인데, 삼베를 흔히 '마'라고 부르는데 영어로는 '리넨(linen)'이라 한다.

삼베로 만든 옷은 우리나라에서도 오래전부터 만들어졌는데 섬세할수록 대마, 그렇지 않은 경우 저마라고 칭했고, 고려 시대부터 섬세한 기술로 중국보다 뛰어난 제품을 만들어 특산물로 유명했다고 전해진다.

성경을 읽으며 '성도들이 천국으로 들어가는 마지막 순간에 깨끗한 세마포를 입혀드렸으면…'하는 마음을 갖게 되었다. 물론 천국에서 주님의 허락 하에 빛나고 깨끗한 세마포 옷을 입는 것과는 비교조차 할 수 없겠지만 그래도 이 땅에서 모든 환난을 이겨내고 하나님께 나아가는 성도들을 위해 깨끗한 세마포를 입혀드렸으면 하는 마음을 품게 된 것이다.

이것이 기독교 장례를 생각하며 하나님께 받은 말씀 중 세 번째 레마로 받은 것이다.

이 땅에 사는 동안 믿음을 지키기 위해 얼마나 많은 고난을 겪었는가? 물론 이 땅에 사는 동안 신앙으로 인한 고난을 한 번도 겪어 본 적이 없는 분이라면, 평생 신앙으로 인해 작은 고민조차 해본 적이 없는 분이라면 이 모든 이야기를 이해하기 힘들 수 있을 것이다.

성경은 신앙생활을 건축에 비유하고 있다.

"내게 주신 하나님의 은혜를 따라 내가 지혜로운 건축자와 같이 터를 닦아 두매 다른 이가 그 위에 세우나 그러나 각각 어떻게 그 위에 세울까를 조심할지니라 이 닦아 둔 것 외에 능히 다른 터를 닦아 둘 자가 없으니 이 터는 곧 예수 그리스도라 만일 누구든지 금이나 은이나 보석이나 나무나 풀이나 짚으로 이 터 위에 사람의 공적이 나타날 터인데 그 날이 공적을 밝히리니 이는 불로 나타내고 그 불이 각 사람의 공적이 어떠한 것을 시험할 것임이라 만일 누구든지 그 위에 세운 공적이 그대로 있으면 상을 받고 누구든지 그 공적이 불타면 해를 받으리니 그러나 자신은 구원을 받되 불 가운데서 받은 것 같으리라"(고전 3:10-15)

금, 은, 보석이나 나무, 풀, 짚 등… 건축 재료는 다양하다.

금이나 은, 보석으로 집을 짓는 예는 거의 찾아보기 드물겠지만 이스탄불에 있는 소피아 성당에 가면 천장 전체가 금박으로 장식되어 있다. 물론 이런 예는 매우 특별한 경우에 해당하는 것이고 대개는 시멘트나 나무로 집을 짓는다. 풀이나 짚으로 짓는 경우도 찾아보기 어려울 정도

이다.

그런데 각 사람의 공적을 밝히기 위해 불로 시험할 것이라고 한다. 그렇게 된다면 나무나 풀이나 짚으로 지은 경우는 모두 타서 남은 것이 없을 것이다.

그나마 다행스러운 것은 나무나 풀이나 짚으로 집을 지은 사람들은 부끄러울 수밖에 없겠지만 집을 지은 것은 사실이기에 구원을 받는 데는 아무런 지장이 없다. 다만 구원을 받되 불 가운데서 받은 것 같다는 말씀이 이를 증명하고 있다.

그렇다면 집을 짓기만 하면 누구나 구원을 받을 수 있는가? 집을 짓는 것이 선한 행실을 상징하는 것이라면 선한 행실을 쌓기만 하면 누구나 구원받을 수 있는 것일까? 선행은 모든 종교가 강조하는 덕목이다. 하지만 성경은 집을 짓는 터에 대해 강조점을 두고 있다.

"이 터는 곧 예수 그리스도라"(고전 3:11)

예수 그리스도에 대한 믿음만이 구원의 전제 조건이라는 사실을 분명히 기억해야 한다. 오직 예수 그리스도의 이름 위에 신앙의 집을 지은 사람만이 즉 예수 그리스도께서 내 죄를 용서하기 위해서 십자가에 달려 돌아가셨다는 사실을 믿고, 예수 그리스도를 나의 구주로 영접한 사람만이 구원을 받을 수 있다는 것이다.

이를 전제로 불로 시험하여도 타서 없어지지 않도록 더 나은 재료로 집을 지어나가는 사람의 경우 더 큰 상급을 받을 것이라고 성경은 분명히 약속하고 있다.

하지만 예수 그리스도의 믿음 위에 신앙의 집을 지은 적이 없는 사람, 지으려는 생각조차 해본 적이 없는 사람들은 아무런 해당 사항이 없다. 신앙의 가치에 대해 전혀 관심을 두지 않은 자들의 삶을 하나님께서 가치있게 인정해 줄 근거를 성경에서는 절대 찾을 수 없다.

성경은 자신의 신앙을 값진 것으로 여기는 사람들을 위해 주어진 책이다. 우리가 꿈꾸는 기독교 장례는 자신의 신앙을 값지게 여긴 성도들을 위해 준비한 장례이다.

요즘 기독교식 장례를 지켜볼 때 신앙과 전혀 상관없는 모습들을 보게 된다. 고인이 신앙생활을 했기 때문에 어쩔 수 없이 기독교식 장례를 치르지만 조문을 오시는 분들을 위해 향을 피우고 절을 할 수 있도록 배려(?) 한다. 이를 어떻게 기독교 장례라고 부를 수 있을까?

성도의 장례식은 이 땅에서의 순례자의 삶을 모두 마쳤을 때 성령께서 임재하시는 가운데 하나님이 명령하신 대로 영적 지도자가 앞장 서서 인도함으로 요단강을 건너 가나안으로 들어가는, 즉 죽음을 넘어 영원한 천국을 향해 나아가는 과정이다.

이런 성스러운 예식에 이교도적인 제사 의식이 틈타는 것을 누가 허락하는 것인가? 이런 일들은 평생토록 믿음을 지키기 위해 온갖 수고를 다하고 천국을 향해 나아가는 성도의 마지막을 부끄럽게 만드는 행위이다.

윤동주 시인이 쓴 서시(序詩)에 "죽는 날까지 하늘을 우러러 한 점 부끄럼 없기를, 잎새에 이는 바람에도 나는 괴로워 했다"라는 구절을 읽을 때마다 그가 신앙적인 삶을 살기 위해 얼마나 고심했는가를 잘 느낄 수 있다.

윤동주 시인이 쓴 「십자가」라는 시를 묵상해 보자.

괴로웠던 사나이
행복한 예수 그리스도에게처럼
십자가가 허락된다면

모가지를 드리우고

꽃처럼 피어나는 피를
어두워가는 하늘 밑에
조용히 흘리겠습니다.

자신에게 십자가가 허락된다면 예수 그리스도처럼 희생의 피를 흘리겠다는 시인의 신앙적 결단을 표현한 것이다.

김형태 시인이 쓴「윤동주의 시 세계 연구」라는 논문을 보면 그가 태어난 만주 화룡현 명동촌이라는 곳은 당시 종교와 교육의 중심지였는데 '동만(東滿)의 대통령'이라 불리던 외삼촌 김약연 목사의 교육에 대한 열의로 이루어진 결과라고 한다.

윤동주 시인의 삶은 어릴 적 자신이 자랐던 명동, 그리고 집 앞의 교회당, 외삼촌 목사님의 신앙, 이 모든 것이 합쳐져서 온전한 신앙으로 형성되었고 삶 전체가 예수 그리스도를 모토로 살아갔던 것이다.

자신의 신앙의 집을 금이나 은, 보석으로 지으려 했던 분들의 이야기가 남의 이야기처럼 들릴 수도 있겠지만 최소한 다른 이가 쌓아 올린 신앙의 집을 무너뜨리는 일은 없기를 바랄 뿐이다.

물론 자신이 하는 말이나 행동이 어떤 결과를 낳는지조차 모르는 이들이 얼마나 많은가? 영적인 것에 대해 전혀 알지 못하면서 스스로 지혜롭다고 여기는 이들이 얼마나 많은가? 그렇기에 끝까지 자신의 믿음을 지키며 살았던 분들의 마지막이 믿음도 없는 이들에 의해 더럽혀지는 것을 어떻게든 막아내려는 것이 나의 작은 바람이다.

우리가 살아가는 시대만큼 가라지가 덧뿌려지는 일이 많은 시대도 흔치 않을 것이다. 정통 교회보다 이단과 사이비가 더 활개치는 시대를 우리는 살아가고 있다.

> "주의 임하심과 세상 끝에는 무슨 징조가 있사오리이까 예수께서 대답하여 이르시되 너희가 사람의 미혹을 받지 않도록 주의하라 많은 사람이 내 이름으로 와서 이르되 나는 그리스도라 하여 많은 사람을 미혹하리라"(마 24:3-5)

거짓 영들에 의해 수많은 사람들이 미혹당하는 시대, 그럼에도 자신의 신앙을 지키기 위해 고인이 겪었을 모든 수고를 조금이나마 이해한다면 그분의 마지막이 더럽혀지지 않을 수 있도록 가족들이, 친척들이 배려해 주는 것이 마땅한 예의가 아닐까 생각한다.

목회자도 다른 사람에게는 말하지 못하는 많은 아픔들

이 있다.

목회를 하며 직접 경험한 이야기를 하라면 한두 시간으로는 어림도 없을 정도다. 주님이 원하시는 교회를 바로 세우기 위해 애쓰는 목회자들이 겪었을 수많은 어려움을 성도들이 조금이나마 이해할 수 있을까?

어느 지방에서 목사님들을 위로하기 위해 버스를 타고 여행을 가는 중에 사회자가 "목회를 하면서 가장 목이 메고 가슴이 답답했던 기억이 있다면 한마디씩 해주세요"라고 말했다. 그러자 버스에 타고 있던 목사님들이 자신의 아픈 기억들을 한 가지씩 이야기했다.

그때 어떤 목사님이 "내가 성도들을 심방할 때 떡을 내놓는데 너무 맛있게 먹었더니 가는 곳마다 떡을 내놓아 떡을 먹다가 목이 메고 가슴이 답답했다"라고 말씀하셨다.

물론 우스갯소리지만 그 한마디 때문에 모두 웃을 수 있었다면, 그래서 위로가 되었다면 그것으로도 충분하지 않을까?

믿음을 가지고 살아가는 참된 그리스도인에게 해주고

싶은 말이 있다면 "끝까지 승리하세요"이다. 이보다 더 큰 위로와 격려가 어디 있을까? 그리고 덧붙인다면 초대교회 성도들이 주고받던 인사말 "마라나타" 즉 "우리 주여, 오시옵소서"를 더하고 싶다.

이처럼 아름다운 신앙으로 수놓은 성도들의 삶의 마지막 자락에 깨끗한 세마포를 입혀 주님께 보내드리고자 하는 소망이 내가 받은 세 번째 말씀 레마였다.

- 신약시대를 살아가는 그리스도인을 위해 예표로 보여주신 구약성경
- 예수 그리스도의 생애를 자세하게 기록한 복음서
- 미래에 이루어질 사건들을 기록한 예언서로서의 요한계시록

이를 통해 기독교 장례에 있어 가장 중요한 키포인트라 할 수 있는 말씀들을 내게 주신 레마로 받아들인 것이다.

물론 성경에서 장례와 관련하여 이보다 더 중요한 말씀들이 있다면 당연히 그를 따라야 할 것이다. 하지만 구약성경에서 요단을 건너는 것과 복음서에서 예수님의 장례를 준비한 마리아의 행위, 계시록에서 깨끗한 세마포를 입고 어린양의 혼인 잔치에 참석하는 세 가지 말씀이 성

경적으로 바라볼 때 기독교 장례에 가장 핵심적인 요소라고 생각하여 이를 적용하는 기독교 장례를 준비하려는 것이다.

앞에서 말씀드린 것처럼 성경을 통해 모든 성도들에게 약속해 주셨던 천국, 즉 죽음 너머의 새로운 세계를 바라보며 끝까지 믿음으로 살아오신 분들에게 걸맞는 아름다운 장례식을 치러드리고픈 마음이 이 모든 것들을 준비함에 강한 추진력으로 작용했음은 말할 나위 없는 사실이다.

제2부

선교의 비전

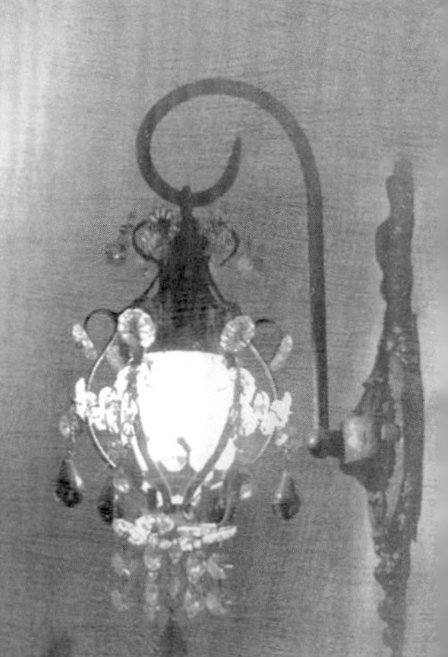

앞 장에서는 기독교 장례에 관심을 갖게 된 배경과 하나님이 주신 말씀들 즉 레마에 대해 이야기했다. 기독교인의 삶의 모든 근거는 하나님께로부터 주어지는 것이다. 쉬운 예로 우리가 숨 쉬고 살아갈 수 있는 근거도 하나님께서 생명과 건강을 우리에게 주셨기 때문이다.

오래된 예화 한 편을 소개한다.

깊은 산 연못가에 두루미 두 마리와 거북이 한 마리가 다정하게 살고 있었다. 어느 해 큰 가뭄이 들어 연못의 물이 말라 도저히 살 수가 없게 되었다. 두루미들은 거북이에게 미안하지만 살기 위하여 떠날 수밖에 없다고 하였다. 자신의 힘으로는 그곳을 떠날 수 없는 거북이가 깊은 고민을 하다가 묘안을 떠올렸다.

기다란 나뭇가지의 양쪽 끝을 두루미가 물고 거북이가

가운데를 물고 날아가는 방법이었다. 거북이가 낸 묘책대로 셋은 물이 많은 곳을 찾아 하늘로 날아올랐다. 거북이가 날아가는 모습을 보며 모두가 신기해했다.

"누가 저런 기발한 생각을 했을까?"

신이 난 거북이는 자기도 모르게 "내가 했지"라고 말했고 그 순간 공중에서 떨어져 죽고 말았다는 이야기이다.

그리스도인은 모든 것이 하나님의 은혜임을 아는 사람이다. 나의 생명과 건강뿐 아니라 내가 살아갈 수 있는 모든 환경들, 또한 나의 모든 삶 전체를 계획하시고 인도하시고 섭리하시는 하나님, 나의 나 된 것은 모두가 주님의 은혜라는 사실을 알기에 그리스도인은 "내가 했지"라고 말할 수 없다.

앞에서 하나님의 말씀을 받았다고 한 것 역시 내가 무언가를 만들어냈다는 것이 아니라 성경에 기록된 하나님의 말씀을 읽고 묵상하는 가운데 주님이 주신 지혜를 통해 깨닫게 되었고 이를 레마로 받은 것 뿐이다.

위에서 말한 세 가지 말씀 모두 성도라면 누구나 다 아는 말씀이라고 생각한다. 그 말씀을 기독교 장례에 적용하고자 하는 마음을 주신 것도 하나님이 주신 것임을 알기에 조금도 교만할 수 없음을 고백한다.

기독교 변증가로 널리 알려진 프랜시스 쉐퍼는 "성경이 어떤 책이냐?"라는 물음에 '현실적인 책'이라고 대답했다.

성경은 인생에 대해 낙관적으로 말하지 않는다. 성경은 인간의 딜레마에 대해 정직한 답을 갖고 있다. 성경은 정말 거칠게 쓰였지만 현실적인 진리(a realistic truth)인 까닭은 인간의 실제적인 문제들을 다루고 있고 어떻게 해결해야 하는지를 말해주기 때문이다.

성경을 '현실적인 책'이라고 한 것은 우리 삶 속에 일어나는 모든 문제들에 대한 답을 성경에서 찾을 수 있다는 뜻이다. 물론 성경에서 답을 찾아내고 바르게 해석하고 현실에 적용하는 능력을 갖추는 것은 성도의 몫이기에 그리스도인이라면 반드시 노력을 기울여야 할 필수 항목이라 할 수 있다.

한 가지 예를 들어 보자.

"무리 중에 한 사람이 이르되 선생님 내 형을 명하여 유산을 나와 나누게 하소서 하니 이르시되 이 사람아 누가 나를 너희의 재판장이나 물건 나누는 자로 세웠느냐 하시고 그들에게 이르시되 삼가 모든 탐심을 물리치라 사람의 생명이 그 소유의 넉넉한 데 있지 아니하니라"(눅 12:13-15)

당시 수많은 무리가 예수님께 모여들었다. 그중 한 사람이 예수님께 자신의 재산 분배에 대해 도움을 요청한 것이다.

현대인에게 있어 재산 분배는 매우 민감한 사안이다. 하지만 예수님은 그의 문제에 대해 자신과는 상관없는 일임을 분명하게 밝히셨다. 오히려 그의 탐심에 대해 책망하셨다.

이것이 재산 분배에 관해 성경이 주시는 답이다. 성경이 물질과 관련된 부분에 대해 노코멘트하는 것조차 현실적인 답이요, 삶 속에 그대로 적용된다는 사실을 기억해야 한다. 하나님보다 재물에 더 관심을 두는 것에 대해 성경은 탐욕이라 치부할 뿐이다.

"사람의 생명이 그 소유의 넉넉한 데 있지 아니하니라"(눅 12:15)라고 하신 예수님의 말씀을 반드시 기억해야 할 것이다. 연이어 '어리석은 부자의 비유'를 말씀하셨는데 많은 재물을 창고에 쌓아둔 부자가 평안히 쉬고 먹고 마시고 즐거워

하자고 할 때 "오늘 밤에 네 영혼을 도로 찾으리니 그러면 네 준비한 것이 누구의 것이 되겠느냐"라고 하셨다.

예수님은 어리석은 부자를 "자기를 위하여 재물을 쌓아두고 하나님께 대하여 부요하지 못한 자"(눅 12:21)라고 정의하고 있다. 쉽게 말하면 눈에 보이는 세상만 바라보고 영원한 영적인 세계에 대해서는 전혀 관심을 두지 않는 자들에 대해 성경은 어리석은 자라고 규정한다.

물론 세상이 보는 기준은 '부의 척도'이며, 그들의 삶의 목적이 재물을 쌓는데 있다는 사실을 모르는 것은 아니다. 그들의 시각에서 볼 때는 성경 말씀대로 살아가려는 자들이 '백치'와도 같은 것이다.

세계적인 문학가 도스토예프스키가 가장 아끼고 사랑했던 작품이 「백치」이다. 소설 「백치」의 주인공인 미시킨 공작의 어린아이 같은 순수함, 진실하고 정직함, 희생적인 사랑 등의 가치는 온갖 탐욕으로 가득한 세상에서는 그리 중요치 않은 요소일 뿐이다. 세상적인 가치에 물들어 있는 자들의 시각으로 볼 때 신선한 인상은 줄 수 있을지 몰라도 결국 '백치'라고 규정할 수밖에 없다.

성경이 말하는 어리석은 자와 세상이 말하는 백치(白痴)

는 상반된 개념이다. 그렇기에 이 시대를 살아가는 그리스도인은 분명한 인식을 갖고 있어야 한다. 즉 세상 사람과 그리스도인은 들어가는 문이 다르고, 걷는 길도 달라야 한다. 그리스도인이 들어가는 문이 좁은 문임에는 틀림이 없다. 하지만 그 문이 생명으로 인도하는 문이라고 성경은 분명하게 가르치고 있다.

"좁은 문으로 들어가라 멸망으로 인도하는 문은 크고 그 길이 넓어 그리로 들어가는 자가 많고 생명으로 인도하는 문은 좁고 길이 협착하여 찾는 자가 적음이라"(마 7:13-14)

프랜시스 쉐퍼가 성경이 현실적인 책이라고 말할 때 인간의 죽음에 관한 장례 역시 현실적인 문제라고 한다면 성경에서 장례에 대한 현실적인 답을 찾을 수 있을 것이다. 그렇다면 성경이 인간의 죽음 앞에 내리는 답은 무엇일까?

앞에서 말한 것처럼 기독교인에게 죽음은 인생의 마지막이 아닌 천국으로 들어가는 관문이다. 우리 육체의 본질은 흙이라고 성경은 말하고 있다. 그래서 죽음 이후 우리 육체는 본질인 흙으로 돌아간다.

"너는 흙이니 흙으로 돌아갈 것이니라"(창 3:19)

하지만 하나님이 인간을 창조하실 때 코에 생기를 불어넣으셔서 생령이 되었다고 한다.

> "여호와 하나님이 땅의 흙으로 사람을 지으시고 생기를 그 코에 불어넣으시니 사람이 생령이 되니라"(창 2:7)

성경은 사람이 영적 존재임을 분명히 밝히고 있다. 그리고 죽음 이후 인간의 영혼은 하나님께서 예비해 놓으신 장소로 나아가는 것이다.

여기서 알아야 할 것은 그리스도인과 비그리스도인을 위해 예비하신 곳이 다름을 성경은 분명히 밝히고 있다는 점이다. 인간의 죽음 이후 성도와 불신자의 영혼은 가는 길이 완전히 달라지게 될 것인데 죽음과 장례는 그 갈림길이 될 것이다.

새로운 영의 세계로 들어가는 관문인 장례에 있어 앞에서 말한 세 개의 레마를 적용시키기 위해서는 상조(喪助)라는 이름을 붙여 일할 수밖에 없는 것이 현실이다.

하나님이 주신 레마를 믿음으로 받아들였기에 내가 꿈꾸는 기독교 장례에는 위의 세 가지 내용은 반드시 들어가야만 하는 필수 항목이다. 그래서 그 말씀들을 해석하고 적용할 때 언약궤를 멘 제사장들이 먼저 요단강 물에 발을 잠근 것처럼 영적 지도자가 장례의 모든 순서에 앞장서야 하고, 예수님의 장례를 위해 마리아가 향유를 부은 것처럼 성도의 장례를 위해 고인에게 향유를 부어드리고, 장차 천국에서 빛나고 깨끗한 세마포를 입는 것처럼 성도의 마지막 순간에 세마포를 입혀드리겠다는 것은 반드시 지켜져야 한다고 생각한다.

그리고 세 가지 말씀 중에서도 마리아가 주님께 향유를 부었을 때 "온 천하에 어디서든지 이 복음이 전파되는 곳에서는 이 여자가 행한 일도 말하여 그를 기억하리라"라고 하신 말씀을 생각하며 그녀가 주님의 장례를 위해 준비했던 '향유담은옥합'을 새롭게 만들어질 기독교 상조의 이름으로 정하게 되었다.

상조는 가장 가까운 사람이 죽음을 맞이했을 때, 그래서 인생 중에서 가장 슬프고 힘든 시간에 이를 돕기 위해 만들어진 것이다. 죽음은 누구에게나 갑작스럽게 닥친다. 이는 평소에 준비를 해 두었다는 분들도 마찬가지다.

장례식장은 누구에게나 낯선 장소이다. 그리고 현대에 와서는 장례식의 전체 시간이 그리 길지 않다는 점도 상조가 생겨나게 된 요인이라 할 수 있다. 내 슬픔을 감당하기에도 벅찬데 조문객을 맞이해야 할 뿐 아니라 각종 행정처리까지 해야 하는 상황…. 이때 장례식의 모든 과정 전체를 돕는 역할을 하는 것이 상조이다.

왜 요즘 상조회사가 많이 생겨나는 것일까?

장례식장에 모든 일을 맡기는 경우에도 고인을 수시하여 안치하는 것이나, 입관 및 발인, 제단 장식, 도우미, 운구 등 모든 절차를 진행함에 아무런 문제가 없다. 쉽게 설명하면 상조는 서비스업이다. 즉 상조에 가입할 경우 장례식 동안 옆에서 친절하게 도와주며 이끌어주는 서비스를 기대할 수 있다는 뜻이다.

장례식장의 경우 대개 장례지도사 두 분이 한 조가 되어 24시간 근무하고 교대하는 형태로 이루어진다. 규모가 큰 장례식장도 약간의 변화는 있을 수 있겠지만 큰 차이는 없다고 본다.

장례식장의 경우 임종 연락이 오면 시신을 운구하고 안치하며, 장례 상담을 하고, 빈소를 차리고, 입관과 발인까지의 필요한 모든 물품을 제공하며, 발인 후 마무리까지 해야 하기에 두세 상가만 들어와도 정신없이 분주할 수밖에 없다. 그러니 옆에서 친절하게 도와주고 이끌어주는 것이 현실적으로 불가능하다. 그런 까닭에 조금은 편하게 장례를 치르고 싶은 분들이 상조를 선택하는 것이다.

하지만 서비스업이란 가격에 따라 친절도가 좌우될 수밖에 없다. 현대사회의 특징 중 하나가 사람과 사람의 만남, 인격과 인격의 만남이 적어진다는 것이다.

마틴 부버는 "현대 사회에서 인간이 인격자로서가 아니라 하나의 물건으로 취급되고 있다"라고 밝혔다. 서비스 역시 마찬가지다. 마음에서 우러나와서 하는 서비스도 있겠지만 대부분은 마음에서가 아닌 물질적인 측면을 감안한 서비스이다. 백화점에 들어설 때 90°로 허리를 굽혀 인사하는 것은 하나의 실례라 할 수 있다.

간혹 인격과 인격의 만남을 경험할 수도 있다. 진심에서 우러나오는 친절을 맛볼 수도 있고 가슴에 진한 감동을 느끼는 경우도 분명히 있다.

하지만 신앙과 신앙의 만남, 즉 영적인 만남을 원한다면 찾기 어려울 것이다. 이는 기독교 상조의 경우도 마찬가지인데 이들 대부분이 기독교 장례뿐 아니라 일반 장례도 취급하기 때문이다.

소속된 장례지도사들이 일반 장례일 경우 제사를 집례하기도 하며 대단히 예외적으로 기독교 장례만을 고집하는 상조가 있다 하더라도 장례식의 모든 과정을 영적으로 이끌어줄 만한 역량이 필요한데 장례지도사나 장례상담사(혹은 복지사, 상례사로 불려짐)들이 영적인 것과 무관하거나, 혹은 기독교인이라도 영적으로 이끌어줄 만큼 훈련된 분들이 아닌 까닭이다.

왜 장례식에서 영적 부분을 강조하는가?

종교와 관계된 어떤 것에도 관심을 두지 않는 분들이 많겠지만 영적 무지(無知)는 결코 좋은 것이 아니다. 우리의 몸이 육체만 있는 것이 아니라 영혼이 있다는 사실을 조금이라도 이해할 수 있다면 영적 무지가 얼마나 위험한 것인지를 알 수 있다.

선하게 살려고 몸부림치는 사람의 경우 이를 저지하는 세력에 강하게 맞설 수밖에 없다. 대충 섞여 사는 사람에게는 문제 될 것도 없지만 하나님에 대한 신앙 하나로 삶의 소망을 품고 살아가는 사람에게 자신의 신앙을 변질시키려 드는 모든 시도들은 강력한 적으로 규정될 수밖에 없다.

시편 기자가 자신의 대적들을 향해 말로 담을 수 없는 엄청난 저주를 퍼붓는 이유는 그가 그런 유형의 사람이기 때문에 그와 같은 증오심을 표출하는 것은 아니다. 가끔씩 외도도 하고 술독에도 빠지고 이따금씩 사기도 치는 '속인'(俗人)은, 대의를 향한 열정으로 자신의 목숨까지 희생할 수 있는 사람에 비해 일반적인 기준으로 볼 때 분명 '저급한' 인간이다.

그런 자들은 웬만한 악한 일에 대해서는 약간의 의분도 느낄 수 없을 것이다. 이처럼 대충 섞여 사는 자들에게는 전혀 문제될 것도 없지만 진정 의롭게 살고자 애쓰는 자들은 자신의 삶을 무너뜨리려는 자들에 대해 강력하게 대응하게 되는 것이다.

"소금이 맛을 잃으면 지나가는 사람에게 밟힐 뿐"이라는 말씀은 가치를 잃어버린 성도의 삶에 관한 이야기이다. 그나마 기독교가 비난을 받는 것은 아직은 일말의 기대를 갖고 있는 까닭이라고 생각한다. 그렇기에 기독교인답게 살아가기 위해서는 성경에 대한 바른 지식, 영적인 분별력이 대단히 중요하다.

그런 까닭에 이교와 이단과 여러 사상들이 다원주의라는 이름으로 종교연합을 외치며 하나님을 믿는 순수한 신앙을 무너뜨리려 할 때, 아니 기독교 내에서조차 안전하다고 여겨지지 않는 세대 속에서 오직 하나님의 말씀만을 붙잡고 자신의 신앙을 지키기 위해 몸부림치는 자들은 당연히 의분이 생길 수밖에 없을 것이다.

내가 원목으로 잠깐이나마 사역했던 병원과 함께 가장 영적 전쟁이 치열하게 벌어지는 또 하나의 영적 전쟁터가 장례식장이라고 생각한다. 장례식장이라는 영적 전쟁터에서 기독교 영역만큼은 끝까지 무너지지 않도록 우리의 진지를 사수하는 영적 전사로 나아가려는 것이 나의 바람이다.

이스라엘 역사상 가장 악했던 아합과 이세벨의 시대를 종식시킬 도구로 하나님은 예후라는 인물을 선택하셨다. 앞에서 소개드렸던 것처럼 로뎀 나무 아래서 죽기를 원했던 엘리야 선지자에게 천사를 보내어 구운 떡과 물 한 병을 주시고 이를 먹고 마시고 그 힘을 의지하여 사십 일을 걸어 하나님의 산 호렙에 이르게 하셨다.

그리고 엘리야 선지자에게 마지막 사명을 전하셨다.

엘리야에게 전해진 사명은 세 가지였는데 그중 하나가 "님시의 아들 예후에게 기름을 부어 이스라엘의 왕이 되게 하라"(왕상

19:16)라는 것이었다. 예후가 이스라엘의 왕이 되어 아합 일가를 무너뜨리고 바알 신앙에 물든 이스라엘의 종교개혁에 착수하도록 하신 것이다.

개혁은 다르게 표현하면 쿠데타라고 표현할 수도 있다. 아합이 악한 왕이고 왕후인 이세벨은 더 악하였지만 그럼에도 그들을 죽이고 왕위에 오른 것은 일반인의 시각에서는 쿠데타로 보일 수도 있다. 더구나 계속적으로 종교개혁을 진행해야 하는 상황에서 자신을 지지해 줄 사람이 필요했을 것이다.

그때 이스라엘 백성들로부터 존경을 받던 여호나답이 예후를 지지하기 위해 찾아왔고 여호나답의 방문은 예후에게 큰 힘이 되었을 것이다.

그때 여호나답을 향해 예후는 이렇게 말한다.

"내 마음이 네 마음을 향하여 진실함과 같이 네 마음도 진실하냐 하니 여호나답이 대답하되 그러하니이다 이르되 그러면 나와 손을 잡자 손을 잡으니 예후가 끌어 병거에 올리며 이르되 나와 함께 가서 여호와를 위한 나의 열심을 보라"(왕하 10:15)

이처럼 하나님의 역사를 위해 사역할 때 함께 하는 사

람이 있다는 것은 커다란 힘이 될 것이다. 온전한 기독교 장례 문화를 정착하는 일은 이 시대에 분명히 필요한 사역이지만 함께 해 줄 사람들이 필요하다. 예후가 여호나답에게 말한 것처럼 서로에 대한 마음의 진실함만 담보된다면 손을 잡고 여호와를 위한 열심을 보일 수 있으리라 생각한다.

많은 장례식을 경험하며 깨닫는 것은 가신 분은 한 분이요 나머지는 모두 남아 있는 자들이라는 사실이다. 물론 남아 있는 자들도 언젠가는 동일한 경로로 가게 되겠지만 그래도 아직은 기회가 남아 있다는 점이다.

그런 이들에게 무언가 숙제를 던져주는 것이 기독교 장례라고 생각한다.

> "초상집에 가는 것이 잔칫집에 가는 것보다 나으니 모든 사람의 끝이 이와 같이 됨이라 산 자는 이것을 그의 마음에 둘지어다 슬픔이 웃음보다 나음은 얼굴에 근심하는 것이 마음에 유익하기 때문이니라 지혜자의 마음은 초상집에 있으되 우매한 자의 마음은 혼인집에 있느니라"(전 7:2-4)

초상집에 가는 것이 잔칫집에 가는 것보다 나은 이유가 무엇인가? 모든 사람의 끝이 이와 같이 될 것이라는 사실을 깨닫는 까닭이다. 영원히 살 것처럼 생각하던 사람도 장례식장에서는 자신의 죽음에 대해 한 번쯤은 생각하는 까닭이다.

성경은 이 같은 사실을 "초상집에 다녀가는 자들의 마음에 둘지라"라는 말씀으로 표현하고 있다. 그리고 그러한 사실을 마음에 두고 살아가는 자가 지혜로운 자라고 하였다.

2008년에 개봉해 아카데미 외국어 영화상을 받은 〈Good bye〉라는 일본 영화가 있다.

영화는 첼리스트였던 주인공이 자신이 속한 오케스트라가 해체되자 어쩔 수 없이 아내와 함께 고향으로 내려와 새로운 직업을 구하던 중 '연령·경험 무관, 고액보장'이라는 광고를 보고 무조건 찾아가는 것으로 시작된다.

그곳은 오래전 장의사 개념의 한 명의 오너가 운영하는 상조회사였다. 그리고 주인공이 해야 할 일은 요즘은 많은 이들에게 알려진 장례지도사의 역할이다. 처음엔 고민도 하고 오랜 친구나 아내마저도 그가 하는 일을 탐탁지 않게 여겨 많은 갈등을 겪게 되지만 여러 가지 에피소드를 겪으며 장례가 얼마나 소중한가에 대한 새로운 이해를 잔잔하게 보여주는 예술 영화이다.

이 영화를 보며 일반인들도 죽음을 대할 때 자신도 모르게 숙연해지는 감정을 느끼게 된다는 사실을 깨달을 수 있다. 하지만 성경이 말하는 숙제는 일반인들이 생각하는 어떤 감정 비슷한 것들이 정답이 될 수 없다.

물론 죽음 앞에서는 누구나 그런 감정들을 느끼게 되고, 그것조차 느끼지 못한다면 훨씬 더 심각한 수준에 이르렀다고 할 수 있겠지만 성경이 원하는 정답을 제시해 주는 것이 기독교 장례의 목적이라 할 수 있다.

마치 초대교회의 빌립 집사가 에티오피아 내시가 고민하던 문제를 성경 말씀을 통해 정답을 제시해 주는 것(행 8:26-39)과 같은 역할을 하여 자연스럽게 그 영혼을 주님께 인도할 수 있는 역할을 해야 한다는 것이다.

기독교 장례에서 최상의 서비스는 무엇인가?

한마디로 말한다면 '영적 케어'(care)라고 할 수 있다. 이보다 더 귀한 것이 어디에 있겠는가? 장례식의 짧은 시간을 통해 유족들과 그곳을 다녀가는 수많은 이들에게 복음을 전하고 신앙을 회복케 하는 역할을 하는 것이 얼마나 소중한 일인가?

예전에는 장례를 한 번 치를 때마다 새신자가 많이 생겼던 것을 다들 알고 계실 것이다. 죽어가는 영혼을 구원할 수 있는 장소를 선교지라고 부를 수 있다면 장례식장은 어떤 선교지보다 훨씬 더 유리한 장소라고 할 수 있다. 그럼에도 우리의 무관심이 이를 방치해 버린다면 우리에게 책임이 없다고 할 수 없을 것이다.

향유담은옥합 상조는 여전도사님들로 구성된 장례상담사와 목사님들로 이루어진 장례지도사들을 통해 장례식의 모든 과정이 기독교 장례로서 조금도 어긋남이 없도록 진행할 것이다.

앞에서 장례식의 모든 과정이 하나님의 명령대로 행해지기 위해서는 제사장이 먼저 요단강 물에 발을 잠그듯이 담임 목사님이 앞장서서 장례예식을 이끌어야 한다고 하였기에 향유담은옥합 상조에서는 성도가 임종했을 때 가족 중 누군가가 반드시 영적 지도자인 목사님께 먼저 알려야 하고 담임목사님을 통해 상조회에 연락하는 순서를 지켜야 한다.

장례가 발생할 경우 담임목사님께 먼저 알리는 약간은

불편한 과정을 밟게 하는 이유는 그것이 하나님께서 명령하신 방법이라고 생각하기 때문이다.

또한 향유담은옥합 상조가 강조하는 부분 중 하나가 나드 향유를 부어드리는 것인데 이 또한 담임목사님이나 소속 목사님이 부으시는 것을 원칙으로 한다. 그 이유는 장례식 모든 과정을 담임목사님이 인도하시는 것이 하나님의 뜻이기도 하지만 고인을 영적으로 가장 잘 아시고 가장 아름답게 장식해 주실 수 있는 분이라 생각하는 까닭이다.

이 장의 제목을 '선교의 비전'이라고 붙인 이유는 향유담은옥합 상조가 한국교회에 조금이나마 선교적인 도움이 되었으면 하는 바람 때문이다. 아직은 꿈에 불과하지만 조금씩 하나님께서 꿈을 이루어주시길 기도한다.

먼저 장례를 주관하는 교회에 십일조를 드리기로 마음속으로 서원하였다. 물론 수익의 십일조는 기독교인들에게 주어진 당연한 의무이지만 장례예식은 고인이 출석하던 교회에서 주관하는 예식이며 상조는 옆에서 돕는 역할을 하는 것이기에 장례를 주관하는 교회에 십일조를 드리는 것이 마땅하다고 생각한다.

그리고 장례지도사 자격증을 지닌 목사님들은 나와 같이 교회의 재정적인 문제 때문에 이중직을 고려하며 교육을 받으신 분들이라 생각하기에 그분들에게 조금이나마 도움이 되었으면 하는 바람이다.

한국교회의 눈부신 부흥과 성장이라는 이름 뒤에 숨겨진 어두운 부분은 일반인의 눈에는 대형교회만 비치겠지만 그 이면에 월세조차 감당하기 어려운 교회들이 많다는 것이다.

열심히 하지 않아서 그런 거라 할 수도 있지만 그리 쉽게 단정 지을 수 있는 문제가 아니라는 점도 이해해 주시길 바란다.

예수님이 오병이어의 기적을 베푸셨을 때 함께 한 무리들이 예수님을 억지로 붙들어 임금으로 삼으려 하자 혼자 산으로 떠나셨다가 이튿날 무리들을 만나 이렇게 말씀하셨다.

"내가 진실로 진실로 너희에게 이르노니 너희가 나를 찾는 것은 표적을 본 까닭이 아니요 떡을 먹고 배부른 까닭이로다 썩을 양식을 위하여 일하지 말고 영생하도록 있는 양식을 위하여 하라"(요 6:26-27)

예수님을 찾는 목적이 잘못되었다는 것이다. 그리고 이후에 '생명의 떡'에 대해 말씀하셨다. 당장 눈앞에 보이는 떡에만 관심을 보이는 자들은 영생하도록 있는 양식에 대해서는 아무런 관심을 두지 않았다. 그들의 반응이 어떠했는가?

"제자 중 여럿이 듣고 말하되 이 말씀은 어렵도다 누가 들을 수 있느냐" (요 6:60)

공중에 나는 새, 들에 핀 백합화는 쉽게 알아들을 수 있는 내용이기에 누구나 잘 알고 있다. 늘 이렇게 쉽게 가르치면 좋을 텐데 굳이 사람들이 알아들을 수 없는 말씀을 하실 필요가 있을까? 하지만 아무리 어렵더라도 반드시 가르쳐야 할 내용이다.

"그때부터 그의 제자 중에서 많은 사람이 떠나가고 다시 그와 함께 다니지 아니하더라 예수께서 열두 제자에게 이르시되 너희도 가려느냐" (요 6:66-67)

그렇게 많은 사람이 떠나버렸다. 그래서 남은 제자들에게 "너희도 가려느냐?"라고 물으신 것이다.

그때 예수님의 심정을 어느 정도 이해할 수 있다.

예수님과 같을 수는 없지만 나름대로 겪었던 경험들로 인해 약간이나마 이해할 수 있다고 말하는 것이다. 그런 점에서 성도들이 떠나는 이유를 실패라는 한 마디로 결론 내리지 않기를, 조금은 넓은 아량으로 이해해 주길 바라는 심정이다.

또한 장례상담사로 사역할 여전도사님들의 경우 한국 교회 내에 사역의 폭은 그리 넓지 않지만 조금만 눈을 돌리면 그들의 도움을 필요로 하는 곳이 의외로 많다는 사실을 직시할 수 있을 것이다.

영적 안목으로 바라볼 때 현대에 있어 장례식장은 병원만큼이나 영적 전투가 치열하게 벌어지는 장소라고 생각하기에 장례상담사와 장례지도사는 선교지에 파송되는 선교사와 같은 역할을 감당해야 한다. 그리고 그들이 선교사의 사명을 잘 감당할 수 있도록 후방에서 최대한 지원을 아끼지 않을 것이다.

이렇게 귀한 사명을 함께 하는 이들과 함께 기독교적으로 온전한 장례식을 만들고 싶은 꿈이 하루속히 이루어질 수 있기를 소망한다.

기독교 장례
문화에 대하여

제3부

무엇이 다른가?

사람들은 흔히 인생에서 일어나는 수많은 사건들을 가리켜 우연이라고 말한다.

우연히 어딘가에서 태어나고, 우연히 누군가를 만나고, 우연히 무슨 일을 하게 되고, 우연히 성공을 하던가 실패를 하기도 하고, 우연히 살다가 생각지도 못한 일로 우연히 죽음을 맞이하는 것이라고 생각한다.

철학적 사고를 가진 이들은 운명이라는 표현을 사용하여 해석하려고도 한다. 세상에서 일어나는 모든 일들, 겪게 되는 모든 것들이 운명이라고….

운명이라는 것이 누군가에 의해 정해진 것인지조차 알지 못하면서 의례적 표현으로 운명이라고, 자신의 힘으로는 도저히 어떻게 해볼 수 없는 상황을 겪게 될 때 덤덤하게 운명이라고 말하는 것이다.

하지만 철학을 넘어서 종교(형이상학)적 사고를 지닌 자들은 눈에 보이지 않는 절대자라는 존재를 찾는다. 흔히 절대자를 가리켜 신이라는 이름으로 부르지만 자신들이 찾을 수 없는 영역에 있는 신이기에 스스로 신이라는 존재를 만들어내고 신화를 만들어낸다. 그리고 인간의 과학이 어느 정도 수준에 이르렀을 때 마침내 신의 존재를 부정한다.

19세기에 활동해 현재까지도 많은 영향력을 미치는 세 명의 인물이 있다.

첫째는 「종의 기원」을 쓴 찰스 다윈이다.

다윈에 의해 알려진 진화론은 그때까지 통념으로 생각되어 온 창조론과 대립하게 되었다. 현재 모든 교육기관은 진화론을 과학이라고 가르친다.

둘째는 「자본론」을 쓴 칼 마르크스이다.

마르크스가 주장하는 유물론은 자연히 유신론과 대립할 수밖에 없다. 마르크스의 이론에 의해 만들어진 공산주의는 점차 영향력이 줄어들고 있지만 그가 주장한 유물론은 아직까지도 수많은 사람들의 정신세계를 지배하고 있다.

셋째는 「꿈의 해석」을 쓴 지그문트 프로이트이다.

프로이트가 정신분석학의 기초를 세운 이후 인간의 정신적 영역에 속한 문제들은 병원에서 심리 치료를 통해 고칠 수 있다고 주장한다. 인생에서 겪게 되는 어려운 문제들에 대해 굳이 신을 찾을 필요가 없어진 것이다.

이들 모두가 동시대(同時代)를 살았던 이들이다. 이들보다 훨씬 오래전 동시대를 살았던 세 사람, 석가와 공자와 소크라테스, 이들이 역사에 미친 영향만큼은 아니더라도 현대사회의 정신적, 사상적인 부분에 세 사람의 영향력은 크다고 할 수 있다.

그런데 무엇이 달라지는가?

아직도 진화 과정으로 중간 전이 형태를 발견할 수 없고 무생물에서 생물이 발생한다는 자연발생설도 실험에 의해 불가능함이 밝혀졌다. 하나의 종이 다른 종으로 변할 수 없다는 사실이 밝혀졌음에도 진화론이 내세우는 가설을 과학이라는 이름으로 맹신하는 이유는 무엇일까?

공산주의가 제시하는 환상에 사로잡혀 이데올로기의 충돌로 수많은 사람들이 죽어갔고 공산 치하에서 수많은 인권이 유린당했지만 결국 가난을 극복하지 못해 스스로 수정하는 상황을 전 세계가 지켜보았다. 이처럼 공산주의 이론은 허울뿐인 실패한 사상이었음이 어느 정도 증명되지 않았는가?

또한 정신분석학 역시 인생의 문제들에 대해 약간의 유익은 줄 수 있겠지만 정신적 영역을 뛰어넘는 영적 영역(형이상학)에 대해서 아무런 해결을 줄 수 없다. 그 이유는 그들 역시 영적 무지 상태에 있는 까닭이다.

인간의 육(肉)과 혼(魂)과 영(靈), 그리고 광대한 우주, 신이 없다고 가정하더라도 현재 존재하는 모든 것들은 한 마디로 신비(神秘)라고 표현할 수밖에 없다.

"창세로부터 그의 보이지 아니하는 것들 곧 그의 영원하신 능력과 신성이 그가 만드신 만물에 분명히 보여 알려졌나니 그러므로 그들이 핑계하지 못할지니라"(롬 1:20)

현재 우리가 살고 있는 시대의 동향을 간단하게 말하면 불신의 시대라고 부를 수 있다.

위에서 소개한 세 사람과 동시대 인물이었던 프리드리히 니체는 그의 저서 「차라투스트라는 이렇게 말했다」에서 "신은 죽었다"라고 외쳤다. 니체에게 있어 신의 죽음은 초인의 탄생을 위한 선결조건이었다.

프랜시스 쉐퍼는 「거기 계시는 하나님」이라는 책에서 이를 '절망선'이라고 표현했다. 철학에서 시작하여 미술, 음악, 일반 문화, 신학의 영역에 이르기까지 신적 존재를 부정하기에 이르렀고 그 결과 진리라는 절대 기준이 사라지고 말았다. 신을 부정한 인본주의 철학은 이성주의, 합리주의를 거쳐 낭만주의에 이르렀다가 두 차례에 걸친 전쟁 이후 실존주의에서 염세주의에 이르기까지 전락하게 되었다.

현대 사조를 포스트모더니즘이라 부르는데 이는 모더니즘에 후(後)를 뜻하는 접두어를 붙여 만든 말로 포스트모더니즘을 정확하게 규정지을 수는 없지만 굳이 설명하자면 보편성과 총체성, 단일성이 갖는 고유 영역이 사라진 시대라고 할 수 있다.

이진경 씨가 쓴 「포스트모더니즘과 사회 이론」이라는 책에 상품에는 사용 가치와 교환가치가 있다고 한다. 예를 들어 전화기는 전화를 하는데 사용될 수 있어야 하는데 이를 사용가치라고 하며 전화기를 10만 원, 20만 원 값으로 매기는 것을 교환가치라고 한다. 어느 물건이나 사용할 수만 있으면 사용가치는 충분한데 똑같은 속옷도 어떤 사람은 만 원에 어떤 사람은 100만 원에 산다. 다같이 굴러가는 자동차인데, 누구는 2천만 원에 사고, 누구는 몇 억을 들여 사기도 한다.

이런 것들을 한 마디로 설명하기 어렵지만 그래도 굳이 해석한다면 정답이 없는 세상이라는 말이다. 그런 세상을 누구나 당연한 것처럼 받아들이는 시대를 우리는 살아가고 있다.

진리에 대해서도 사람들이 흔히 쓰는 "모로 가도 서울만 가면 된다"라는 말로 설명할 수 있다. 정말 그런가?

성경은 구원에 이르는 진리는 단 하나 밖에 없다고 가르치고 있다.

> "다른 이로써는 구원을 받을 수 없나니 천하 사람 중에 구원을 받을 만한 다른 이름을 우리에게 주신 일이 없음이라"(사도행전 4:12)

기독교는 이 세상을 창조하신 신이 분명히 있다고 믿고 그분이 제시하신 구원의 방법을 따르기 위해 자신의 목숨보다 순교를 선택했던 종교이다. 그런데 인간이 만들어낸, 나름의 종교적인 색채를 가미했다고 똑같은 진리라고 주장하는 것은 억측일 뿐이다.

예수 그리스도께서 "인자가 올 때에 세상에서 믿음을 보겠느냐"(눅 18:8)라고 하신 말씀은 엄밀한 의미에서 본다면 기독교 신앙을 갖고 살아가는 자들에게 주어지는 경고이다. 분명히 구원의 방법으로 제시된 것은 하나인데 모든 종교가 하나라고 외치는, 그래서 모든 종교가 연합을 꾀하는 현실은 성경의 예언처럼 마지막 때 나타날 징조라고 볼 수 밖에 없다.

이들이 연합하는 이유는 무엇일까?

창세기 11장에 모든 사람들이 시날 평지에 모여 하늘에 닿는 탑을 쌓는 장면이 있다. 그들의 목적은 무엇인가? "우리 이름을 내고 온 지면에 흩어짐을 면하자"는 것이다.

오늘날 인류는 또다시 바벨탑을 쌓아가고 있다. 그리고 그 배후에 사단이 존재한다. 예수님이 사단을 가리켜 '이 세상 임금', '공중 권세 잡은 자'라고 칭하신 이유는 이 세상에서 사단이 차지하는 위치가 어떠한가를 알려주기 위함이다.

세상의 권력자들 역시 사단의 하수인 노릇을 하고 있을 따름이다. 이렇게 성경이 예언한 대로 역사는 진행되어 가고 마지막에 나타날 현상은 "멸망의 가증한 것이 거룩한 곳에

선 것을 보거든"(마 24:15)이라는 구절로 집약할 수 있다.

멸망의 가증한 것이 어떻게 거룩한 곳에 설 수 있을까?

사단의 하수인 노릇을 하는 적그리스도의 출현을 말하는 것이다. 모든 종교가 하나 되어 연합하고 대표격인 적그리스도가 출현하여 사람들로 하나님과 대립하게 하는 시기가 그리 멀지 않았음을 염두에 두고 살아가야 할 것이다.

성경의 가장 중심되는 주제가 무엇인가?

믿음, 소망, 사랑.

이 세 가지가 기독교의 가장 중요한 주제라 할 수 있겠지만 그보다 앞서 전제되어야 할 요소로 가장 중요한 주제는 '관계 회복'이라고 생각한다.

장례식 설교를 할 때 가장 어려운 경우는 자녀가 죽었을 때이다. 엄밀한 의미에서 기독교 외에는 죽음 앞에서 참된 위로를 줄 수 없음을 인정하지만 그럼에도 자녀의 죽음 앞에서 부모는 절망할 수밖에 없다.

부모의 죽음에 대해서는 인간은 누구나 다 죽음을 맞이하는 존재이며 좀 더 일찍 왔기에 좀 더 일찍 가는 것은 당연한 이치로 받아들일 수도 있다. 배우자의 죽음에 대해서도 사랑하는 사람을 잃는다는 것이 얼마나 큰 슬픔인가는 말할 필요도 없겠지만 그래도 어쩔 수 없는 일이라 치부할 수 있다.

그런데 가장 힘든 경우는 자녀의 죽음, 그것도 그냥 죽는 것이 아니라 사고일 경우 그 앞에서 위로하는 것은 정말 어려운 일이다.

하지만 사랑하는 아들이 죽어가는 모습을, 그것도 일반적인 죽음이 아니라 인류 역사의 사형 제도 중 가장 잔인한 방법이라 할 수 있는 십자가에 달려 죽어가는 모습을 바라만 볼 수밖에 없었던 어머니, 좀 더 확장하면 사랑하는 아들의 죽음을 내려다보는 아버지, 온 우주를 창조하신 하나님이 무능력하여 아들의 죽음을 바라보아야만 했던 것인가?

이것이 기독교의 진수이다. 사랑하는 아들의 죽음을 바라보며 가슴 아파했던 지상의 어머니와 천상의 아버지, 그러나 그 아들의 죽음을 통해 기독교가 이 땅에 탄생한 것이다.

"하나님이 세상을 이처럼 사랑하사 독생자를 주셨으니 이는 그를 믿는 자마다 멸망하지 않고 영생을 얻게 하려 하심이라"(요 3:16)

사탄의 유혹으로 하나님과의 약속을 깨뜨리고 그 결과로 죽음을 맞이할 수밖에 없었던 인간들을 사랑하시기 때문에, 그들의 죗값을 대신 치르기 위해 인간의 모습을 하고 이 땅에 오신 하나님.

십자가의 고통 너머에 온 인류의 구원이 있기에, 이 사실을 믿음으로 받아들이기만 하면 죽음을 넘어 영생을 향해 나아갈 수 있기에 기독교는 어떤 죽음도 위로할 수 있고 참된 소망을 전할 수 있는 것이다.

모든 사람은 살아가고 있지만 다르게 표현하면 죽어가고 있는 것이다. 하지만 기독교인은 또 하나의 언어유희라 할 수 있겠지만 '죽어가는' 것이 아니라 '주고가는' 것이 되어야 한다. 하나님이 가장 사랑하는 아들을 아끼지 않으시고 내어주신 것처럼….

아담과 하와의 범죄 이후 하나님에게서 멀어진 인류를 향한 구속사는 계속 진행되어왔고, 예수 그리스도의 십자가를 통해 구원의 길이 열리게 된 것이다. 이제 믿기만 하면 하나님과의 관계가 다시 회복되는 것이다.

모든 만물을 창조하시고, 자신의 형상대로 인간을 지으신 하나님. 하나님이 요구하는 것은 다름 아니라 하나님과의 관계 회복이다.

그럼에도 여전히 인간의 과학을 맹신하는가? 인간의 과학이 발전할수록 오히려 바벨탑을 쌓는 결과가 될 수 있다.

존 레슬리가 쓴 「충격 대예측 세계의 종말」이라는 책에 이런 글이 있다.

"하늘이 내린 재앙은 피할 수 있지만, 자기가 만든 재앙은 어쩔 도리가 없다."

핵에 대한 위험, 환경 오염에 관한 문제들…. 이제 코로나 팬데믹으로 온 세계가 어려움을 겪고 있다.

영화 〈더 로드〉에 나오는 배경처럼 '두툼한 먼지로 뒤덮인 회색의 메마른 세상'이 다가올 날이 그리 멀지 않은 것 같다. 물론 이 모든 것들이 인간 스스로 만들어낸 재앙이라는 것을 부인할 수 있는가?

성경은 오래전 지구의 종말에 대해 예언하고 있다. 물

론 종말 이후에 대해서도 말씀하고 계시지만 말이다. 성경이 예언하는 종말은 결코 유토피아가 아닌 디스토피아라는 사실을 분명히 기억해야 할 것이다.

현대 과학이 고도로 발달한 이 시대에도 물질의 영역을 벗어난 정신의 영역, 그리고 정신의 영역과는 또 다른 영의 영역이 있음을 깨닫지 못하는 자들이 여전히 많이 있음을 알 수 있다. 앞에서 말했듯이 성경은 인간을 영적 존재(생령)로 만들었다고 간단하게 서술할 뿐이다. 영적 세계에 대해 알 수 없지만 신앙의 사람들은 성령의 인도하심을 따라가기만 하면 된다.

다만 이 모든 일에 하나님과의 관계 회복이 우선이다. 그런 점에서 기독교가 아닌 온 인류에게 가장 중요한 것은 하나님과의 관계 회복이다.

아버지의 집을 떠나는 순간 자유를 얻고 온갖 쾌락을 만끽할 것처럼 여겼지만 그 결과는 실패뿐이다. 이를 깨닫고 아버지의 집을 향해 돌아온 아들, 비록 거지와 같은 모습이지만 아버지는 그를 안고 반갑게 맞아 주신다.

이것이 예수님이 말씀하신 '탕자의 비유'이며, 집을 떠난 모든 이들에게 보내는 하나님의 메시지이다.

성도에게 죽음은 이 세상에서 힘든 삶을 살던 성도들이 아버지의 집에 완전히 들어가는 것을 의미한다. 물론 성경의 기록대로 아버지는 우리를 껴안아 주시고 잔치를 베풀어주실 것이다.

기독교 장례는 아버지의 집을 향해 나아가는 성도의 마지막 순간을 아름답게 장식하고 얼마 후 자신도 아버지의 집으로 돌아가게 될 것을 생각하며 위로를 얻고 힘을 얻는 영적 재충전의 시간이 되어야 한다.

코로나 팬데믹 이후 장례문화는 또다시 변화될 것으로 여겨진다.

인도에서 발생한 델타 바이러스에 의해 훨씬 강한 전염성이 우려되는 상황에서 이제는 몇 명의 유족만이 빈소를 지키는 장례식 문화로 바뀌어지는 상황이 되지 않을까 예측할 수 있다.

마치 삶의 모든 신호가 빨간 불인 세상을 살아가야 하는 상황일수록 오히려 아픔과 슬픔을 함께해 줄 사람, 그리고 영적 쉼터를 제공해 줄 수 있는 기독교 장례가 필요할 것이라 생각한다.

베르나르 베르베르의 소설 「나무」에 '황혼의 반란'이라는 소제목의 글이 있다.

작가가 어느 양로원을 방문한 후 썼다는 글에는 노인들에 대한 복지가 사라지게 되는 사회 현상을 내다보고 있다. 글에 '자기들 몫의 회전이 끝났음에도 회전목마를 떠나지 않고 있는 노인들 탓'이라는 표현이 있다.

그런 시대가 멀지 않았음도 충분히 예감할 수 있다. 인간에 대한 존엄성이 지켜지지 못할 상황이 올 때에도 끝까지 함께 하는 아름다운 동행이 되기를 소망한다.

물론 기독교 상조를 꿈꾸며 나아갈 때 많은 어려움이 따를 것에 대해서는 충분히 예상할 수 있다.

첫째, 무관심에 관한 것이다.

"이 세대를 무엇으로 비유할까 비유하건대 아이들이 장터에 앉아 제 동무를 불러 이르되 우리가 너희를 향하여 피리를 불어도 너희가 춤추지 않고 우리가 슬피 울어도 너희가 가슴을 치지 아니하였다 함과 같도다" (마 11:16-17)

예수님이 이 땅에 오셔서 복음을 전파하실 때 많은 사

람들이 냉담한 반응을 보였다. 회개, 구원, 천국 등 그분의 메시지는 우리에게 가장 중요한 요소임에도 사람들은 관심을 보이지 않았다.

이에 대해 예수님은 장터를 비유로 말씀하셨다.

장터는 사람들이 모이는 곳으로 어린이들의 놀이터이기도 하다. 아이들이 한 놀이가 무엇인가? 결혼식 놀이와 장례식 놀이다. 피리와 춤은 결혼식 때 사람들의 즐거운 모습을 연상시키고, 울고 가슴 치는 것은 장례식 때 사람들이 슬퍼하는 모습을 연상시킨다.

그런데 보는 사람들이 전혀 반응이 없다. 피리를 불면 즐겁게 춤을 추거나, 울며 가슴을 치면 함께 슬퍼해야 놀이가 될 텐데 아무런 반응을 보이지 않는다. 그런 자들에 대해 답답해하시는 예수님의 심정을 비유를 통해 잘 알 수 있다. 마찬가지로 기독교 장례에 대한 아름다운 꿈도 주위 사람들의 냉담한 반응으로 침잠해지지 않을까 생각한다.

둘째, 경쟁의식에 관한 것이다.

상조는 이미 '레드 오션'(red ocean)이다. 앞에서 말씀드린 것처럼 베이비붐 세대의 사람들이 완전히 사라지기까지는 병원과 장례식장, 그리고 이와 연관된 사업들이 대세를 이룰 수밖에 없다.

이런 상황에서 성경에 비추어 제대로 된 기독교 장례를 정착시켰으면 하는 당연한 소망조차 다른 이들로부터 비난을 살 수 있을 것이라고 생각한다.

교회 안에도 이미 상조에 가입된 분들이 많고, 상조 계통에서 일하는 분들도 계실 것이다. 그런 까닭에 교회를 통해 향유담은옥합의 취지를 알리고자 할 때에도 불편함을 드러내는 이들이 있음을 충분히 예상할 수 있다.

하지만 성경에 "등불을 켜서 말 아래에 두지 아니하고 등경 위에 두나니"(마 5:15)라고 말씀하신 것은 진리는 감추는 것이 아니라 드러내는 것이라는 기독교의 가르침이기에 이를 따를 것이다.

셋째, 실패의 두려움에 관한 것이다.

이미 여러 번의 실패를 경험한 사람은 실패의 두려움에 대해 잘 안다. 그로 인해 입게 될 데미지(상처), 실패를 딛고 다시 일어설 때까지 소요되는 힘든 시간들….

앞에서 지금까지 살아온 삶의 이야기를 진솔하게 말씀드렸는데 세상 사람들의 시각으로 볼 때는 실패로 비칠 수도 있을 것이다. 물론 이런 과정을 겪으면서 힘든 시간을 지내온 것은 사실이다.

모세가 호렙산에서 하나님을 만났을 때 자신의 지나온 삶을 실패라고 여겼을 것이다. "나는 말을 잘 하지 못하는 자"라고 변명한 것은 그것이 자신의 현주소임을 잘 알고 있었기 때문이라고 생각한다.

다윗이 이스라엘 왕으로 등극하기 전까지 블레셋에서 1년 4개월을 지내는 동안 평소처럼 하나님께 먼저 구하는 기도를 찾아볼 수 없다. 만약 블레셋 방백들이 강하게 반대하지 않았다면 이스라엘과의 전쟁에서 블레셋 군대로 참전하게 되는 어처구니없는 상황이 벌어졌을 수도 있었을 것이다.

골리앗 앞에서 그렇게 믿음이 좋던 어린 목동의 모습은 어디로 사라졌는가? 그처럼 믿음 좋은 다윗조차 인생의 계속되는 위기 상황에서는 무너질 수도 있다는 사실을 겸허하게 받아들인다.

하지만 모세와 다윗의 실패 역시 하나님의 계획 속에

있었다는 사실을 알아야 한다. 하나님이 세우시기 직전의 상황은 세상적인 시각으로 볼 때 실패자의 삶처럼 보일 수 있지만 이 모든 것조차 하나님의 프로젝트 속에 있었다는 점이다.

이집트 왕자의 신분으로 모든 학문을 터득했던 혈기왕성한 나이의 모세를 쓰지 않고 미디안 광야에서 40년의 고독의 시간을 보내게 하셨는지….

다윗 역시 골리앗을 쓰러뜨리고 이스라엘 여인들의 환호를 받으며 입성했을 때 쓰시지 않고 10년의 도피 생활을 통해 막다른 골목으로 몰아넣으셨는지….

성경을 통해 하나님이 사람을 쓰시는 방법에 대해 어렴풋이 알 수 있다. 하나님의 시각에서는 앞의 시간보다 뒤의 시간들이 더 중요하게 여겨질 수 있다.

앞에서 말씀드린 것처럼 하나님이 성경에서 이미 말씀하신 것을 레마로 받았을 뿐이다. 그래서 어느 누군가는 해야 할 일이라 생각한다. 그런 까닭에 겸손히 모든 것을 주님께 맡기고 순종하고자 한다.

농촌에서 목회할 때 오래 남아있는 나를 마치 무능력한

목사의 표본인 양 바라보는 시선들이 있었다. 그때마다 새벽기도회를 마치고 사람들이 돌아간 후 혼자 남아 불렀던 찬양, 부를 때마다 나도 모르게 눈물이 뺨 위로 흘러내렸던 시간이 없었다면 이렇게 겸손해지지 못했을 수도 있었을 것이다.

주님, 이 낮은 자를 통하여 어디에 쓰시려고
이렇게 초라한 모습으로 만들어 놓으셨나요.
당신께 드릴 것은 사모하는 이 마음뿐
이 생명도 달라시면 십자가에 놓겠으니
허울뿐인 육신 속에 참빛을 심게 하시고
가식뿐인 세상 속에 밀알로 썩게 하소서.

이 곡의 가사를 쓰신 최원순 전도사는 뇌성마비를 가진 한 자매가 찬양하는 모습을 보며 작사를 하게 되었다고 했는데, 그 자매님이 똑바로 보고 싶다고 생각한 것은 나 같은 자가 견줄 수 없는 간절함이었을 것이라고 늘 생각했다.

이렇게 오랫동안 목회자의 길을 걸어왔음에도 여전히 주님을 똑바로 보지 못하는 어리석은 모습이지만 그럼에도 불구하고 '허울뿐인 육신 속에 참빛을 심게 하시고 가식뿐인 세상 속에 밀알로 썩게 해달라'는 찬양의 가사처럼 되었으면 하는 바람뿐이다.

엘빈 토플러가 리더의 덕목에 대해 말한 적이 있다.

아프리카 밀림 속에 일군(一群)의 무리가 들어섰는데 삼림이 너무 빽빽이 들어서 약간만 움직이면 원래 목적한 방향과 다르게 갈 수밖에 없을 때, 나무를 잘 타는 한 사람이 나무 꼭대기에 올라가서 방향이 잘못될 때마다 바른 길로 갈 수 있도록 교정해 준다.

'높은 곳에서 멀리 바라보고 바른길로 인도하는 사람'

이것이 리더의 덕목이라고 생각한다.

예수 그리스도를 영접한 이들은 좀 더 높은 곳에 멀리 바라볼 수 있는 영적 안목을 갖게 된다. 그리고 다른 이들을 진리(眞理)로 이끄는 역할이 주어졌기에 모든 그리스도인들은 누구나 영적 리더라고 할 수 있다.

기독교 장례도 마찬가지다.

순례자(pilgrim)의 마지막 코스를 바르게 안내하는 것이 향유담은옥합의 사명이다. 주님께서 우리에게 이러한 사명을 맡기셨기에 기쁜 마음으로 순종할 따름이다.

로리 베스 존스라는 여성이 쓴 「JESUS CEO 최고경영자 예수」라는 책의 내용 중에 예수님이 40일의 금식 기도를 마치신 후 사단의 시험을 받는 과정에서 말씀으로 물리치신 사건에 대해 예수님은 자신의 재능을 이기적으로 사용하라는 사단의 유혹을 받았으나 온전히 극복하셨다고 해석하고 있다.

세상을 구원하시기 위해 골고다 언덕의 십자가의 길을 걸으셨던 주님을 바라보며, 세상을 바라보고 사람을 바라보다가 마지막을 비참하게 끝맺은 발람의 길을 걷지 않기를 원한다. 세상의 헛된 유혹보다 훨씬 더 값지고 소중한 사명을 위해 헌신하고자 결단한다.

> "사람이 마음으로 자기의 길을 계획할지라도 그의 걸음을 인도하시는 이는 여호와시니라"(잠 16:9)

향유담은옥합의 출발은 하나님이 주신 말씀에 근거한 것이요, 물론 사람의 계획이 있었음을 부정하지 않지만 항상 하나님의 뜻에 합당한 것인가를 먼저 생각했기에 모든 걸음을 인도하시는 하나님을 믿고 순종할 뿐이다.

그리고 사역자들과 함께 가장 중요한 매뉴얼 즉 "무슨 일을 하든지 마음을 다하여 주께 하듯 하라"(골 3:23)라는 명령을 실천하기 위해 최선을 다할 것이다.

잭 니콜슨과 모건 프리먼 주연의 「버킷 리스트(Bucket List)」라는 영화가 있다.

내용은 죽음의 문턱에 선 돈 많고 성격이 고약한 에드워드와 자동차 수리공인 카터가 한 병실을 쓰며 죽기 전에 하고 싶은 일들을 목록을 만들어 하나하나 실행해 나가는 이야기다.

버킷 리스트(Bucket List)는 '죽음을 앞둔 사람이 죽기 전에 하고 싶은 일을 적은 목록'을 가리키는 말이다.

우리의 버킷 리스트는 무엇인가? 아직은 시간적 여유가 있어 리스트를 적을 필요가 없다고 생각하겠지만 많은 그리스도인의 버킷 리스트에 자신의 마지막을 향유담은 옥합을 통해 떠나는 것이 포함되었으면 하는 바람이다.

성도가 이 땅에서 신앙의 여정을 마치고 주님의 품에 안기는 마지막 순간에 동참할 수 있다는 것이 얼마나 값진 일인가? 물론 모든 과정에 그의 신앙을 돌보아주었던 영적 지도자에게 가장 큰 공을 돌리는 것이 마땅하지만 그래도 조금이나마 보탬이 될 수 있다는 것이 너무나 큰 축복임을 알기에 이 사역이 과분하여 오직 감사밖에 없음을 고백한다.

내게 있는 향유 옥합 주께 가져와
그 발 위에 입 맞추고 깨뜨립니다

나를 위해 험한 산길 오르신 그 발
걸음마다 크신 사랑 새겨 놓았네

내게 있는 향유 옥합 주께 가져와
그 발 위에 입 맞추고 깨뜨립니다

주님 다시 이 땅 위에 임하실 그때
주의 크신 사랑으로 날 받아주소서

작은 역할을 하고 싶은 바람에서…

무언가 장황하게 늘어놓는 것은 책을 씀에 매우 부적절하다는 것을 잘 알고 있다. 그럼에도 새로운 기독교 장례를 여는데 작은 역할을 할 수 있었으면 하는 바람에서 이런저런 이야기들을 늘어놓았다.

이 책의 모든 내용은 하나님의 말씀인 성경을 근거로 한 것이다. 물론 이에 대한 평가는 독자의 몫이겠지만….

내가 받은 세 가지 말씀, 즉 레마로 받아들인 말씀들을 기독교 장례에 적용하는 것도 중요하고, 이를 통해 선교의 비전을 꿈꾸는 것도 중요겠지만 무엇보다 중요한 것은 기독교 장례가 성경적으로, 신앙적으로, 영적으로 제대로 치러지는 것이다.

기독교 장례를 바라보며 채워지지 않는 공허함 때문에 마음에 불편함을 느낀 적이 한두 번이 아니었지만 나 자신의 힘으로는 어찌할 방법이 없었다. 그런 마음을 품은 까닭에 하나님께서 지혜를 허락하신 것이라 생각하기에 같은 마음을 가진 그리스도인들과 함께 공유하고픈 마음에서 글을 쓰게 되었다.

내가 또 하나 꿈꾸는 것은 더 나은 기독교 장례를 만들어나갈 수 있도록 관심있는 사람들과 계속 소통하고픈 것이다. 이를 위해 홈페이지(www.ajop.co.kr)에 Q&A 코너를 만들어 물음에 대답하고, 또 후기 코너를 통해 느낀 소감을 올려준다면 더 나은 방향으로 개선해 나갈 수 있을 것이다.

Q&A 코너는 장례와 연관된 질문에 성경을 근거로 답을 하는 형식이다.

그런 점에서 예를 제시한다.

Q. 기독교 장례에서는 왜 향을 피우면 안 되는지 궁금합니다.

A. 기독교 장례에서는 향을 피우지 않는다는 사실을 다들 인지하고 계실 것입니다. 책에서 말씀드린 것처럼 요즘 성도들의 장례식에도 조문객을 위해

향을 피우고 절을 하도록 하자는 경우가 있습니다. 그래서 누군가 "왜 기독교 장례에는 향을 피우지 않습니까?"라고 묻는다면 그에 대해 정확하게 답하기가 어려운 것이 사실입니다. 그저 "기독교 장례는 원래 그런 거야"라고 넘어갈 수밖에 없을 만큼 이에 대해서는 간단하게 답하기가 어렵습니다. 그래도 성경을 통해 답을 찾아보도록 하겠습니다. 그래서 많은 성도들이 이에 대해 약간의 지식을 가질 수 있으면 좋겠습니다.

출애굽기 25장 이하에 이스라엘 백성이 출애굽한 후 여호와의 산이라 불리는 시내산에 도착했을 때 모세가 40일간을 여호와의 영광이 머무르는 구름 속으로 들어가 산 위로 올라갑니다. 그리고 여호와의 장막 즉 성막을 지을 것에 대해 구체적인 지시를 받게 됩니다.

물론 성막의 모든 부분이 중요하지만 가장 중요한 곳이 성소요, 성소 중에서도 중요하게 구분된 곳이 지성소입니다.

그런데 성소와 지성소를 나누는 휘장 바로 앞, 즉 성소의 중앙에 위치한 성물이 분향단입니다.

분향단은 가로 45cm, 세로 90cm의 직육면체로 조각목(아카시아 나무)에 바닥을 제외한 부분을 정금으로 싸고 상단 부분은 금테를 둘러 양편 아래에 두 개의 고리를 만들도록 하셨습니다.

그리고 아침과 저녁, 매일 두 차례씩 향을 사르는데 대대로 여호와 앞에서 끊지 말라고 명령하셨으며 이 제단이 여호와께 지극히 거룩하다고 말씀하셨습니다(출 30:1-10).

"지극히 거룩하다"라는 수식어는 지성소에만 사용되었는데 분향단의 경우 예외적으로 사용한 것은 분향단이 지성소 못지않게 대단히 중요하다는 의미로 받아들일 수 있습니다.

향의 제조법은 소합향, 나감향, 풍자향, 유향을 동일한 양으로 섞어 만들고, 소금을 쳐서 성결케 하도록 지시합니다. 그런데 문제는 출애굽기 30장 37,38절에 "네가 여호와를 위하여 만들 향은 거룩한 것이니 너희를 위하여는 그 방법대로 만들지 말라 냄새를 맡으려고 이 같은 것을 만드는 모든 자는 그 백성 중에서 끊어지리라"라는 말씀입니다.

구약성경에 기록된 대로 성막과 성전에서 매일 두

차례씩 사르던 향은 오직 여호와 하나님께 제사드리는 목적으로만 사용되었고 다른 용도로는 사용할 수 없기에 일반인은 만들 수도, 사를 수도 없었습니다.

하지만 히브리서 7장 27절에 "그는 저 대제사장들이 먼저 자기 죄를 위하고 다음에 백성의 죄를 위하여 날마다 제사드리는 것과 같이 할 필요가 없으니 이는 그가 단번에 자기를 드려 이루셨음이라"라는 말씀처럼 예수 그리스도께서 대속 제물이 되어 십자가에 죽으셨기 때문에 더 이상 구약의 대제사장들이 매일같이 반복했던 제사가 필요치 않게 되었습니다.

그리고 요한계시록 5장 8절에 "향은 성도들의 기도들이라"라고 기록한 것처럼 구약의 분향단에서 살라지던 향은 신약시대 성도들의 기도를 예표한 것입니다.

그런 점에서 신약시대에는 이미 폐하여져 성도들의 기도로 대체된 까닭에 더 이상 필요치 않습니다.

결론적으로 기독교 장례에서 고인의 영혼을 위해 하나님께 기도드리는 것이 구약에서 향을 사르는 것과 같은 역할을 하기에 그렇게 하는 것이 성경적으로 바람직한 행동이라 할 수 있습니다.

Q. 기독교 장례라면 예수님의 장례를 모범으로 삼아야 하지 않습니까?

A. 예수님이 십자가에 달려 돌아가셨을 때 시신을 어떻게 처리하였는지에 대해서는 사복음서에 모두 기록되어 있습니다.

예수님의 무덤은 아리마대 사람 요셉이 준비해 놓은 것으로 팔레스타인에서는 바위를 파서 그 속에 시신을 안치하는데 크기에 따라 여러 사람을 안치할 수도 있었습니다. 하지만 성경에 예수님의 무덤은 아직 사람을 장사한 일이 없는 새 무덤이라고 하였습니다.

아리마대 요셉을 부자라고 소개하고 있는데 이사야 53장 9절의 "그의 무덤이 악인들과 함께 있었으며 그가 죽은 후에 부자와 함께 있었도다"라는 예언의 성취로 볼 수 있습니다.

로마법에 의하면 십자가에서 처형된 사형수의 경우 그냥 방치하는 것이 관례이나 시신을 장사 지내겠다는 청원이 들어올 경우 허락하는 것도 관례였습니다. 아리마대 요셉은 산헤드린 공회원으로 사회적 지위도 있고, 빌라도 역시 예수님의 무죄를 주장한 까닭에 순순히 시신을 내어주었습니다. 그래서 정한 세마포로 예수님의 시신을 싸서 무덤에 넣고 돌을 굴려 막았다고 했습니다.

다만 요한복음에는 니고데모가 몰약과 침향 섞은 향품과 함께 예수님의 시신을 세마포로 쌌다고 했고, 그것이 유대인의 장례법이라고 부연 설명을 하고 있습니다. 몰약과 침향은 시신의 부패를 방지하기 위한 목적입니다.

그렇다면 예수님의 장례를 기독교 장례의 모델로 삼을 경우 무엇을 버리고 무엇을 취할 수 있겠습니까?

팔레스타인의 경우 우리와 다른 환경 때문에 바위의 속을 파서 장사를 지냈다고 했는데 이는 우리의 실정에 맞지 않습니다.

또한 예수님의 죽음뿐 아니라 나사로의 죽음에서도 볼 수 있는 것처럼 세마포로 시신을 싸매는 것이 팔레스타인의 장례법이며, 몰약과 침향 섞은 향품을 시신에 두는 것 역시 팔레스타인의 장례법입니다.

하지만 예수님은 사흘 만에 다시 살아나 부활의 첫 열매가 되셨기 때문에 기독교 장례는 죽음보다 부활에 초점을 맞추고 있습니다. 죽음을 넘어서 부활과 영생을 바라보는 것입니다.

초대교회 당시 기독교인들을 박해하던 모습을 묘사할 때 야수의 모피를 뒤집어쓴 채 들개 떼에게 물려죽거나 말뚝에 매달은 채 불에 태우는 순교를 당하였다고 합니다. 이러한 자들의 죽음이 천국에서는 가장 큰 상급으로 보상을 받을 것이라 생각합니다.

이처럼 순교를 당하는 자들의 경우 입관이나 발인이라는 절차가 있었겠습니까? 그런 면에서 기독교 장례에서는 입관이나 발인 등의 절차도 초월할 수 있습니다.

죽음을 넘어서 부활과 영생을 바라보며 나아가는 것이 기독교 장례입니다.

그래서 시신을 세마포로 싸매고 묶는 것보다 오히려 부활의 주님을 생각하며 묶는 것을 지양(止揚)하는 것이 기독교 장례로 볼 때 더 나은 양태(樣態)라고 여겨집니다.

몰약과 침향은 시신의 부패를 방지하는 목적으로 넣어 두었다고 하는데 현대 장례식에서는 시신을 안치하기 전 소독용품을 사용하기 때문에 부패를 방지하는 목적으로 몰약과 침향을 써야 할 이유는 없습니다. 그런 점에서 예수님의 장례는 팔레스타인의 장례법을 따른 것일 뿐 기독교 장례가 따라야 할 모범이라고 할 수 없을 것입니다.

이처럼 기독교 장례에 대한 궁금증에 대해 서로 대화하는 자리를 갖고 싶어 홈페이지에 Q&A라는 코너를 마련했다. 물론 정답이라 말할 수는 없겠지만 질문에 최선을 다해 답변하려고 노력할 것이다. 그렇게 해서 성경에 조금이라도 가까이 할 수 있는 기회가 되기를 바란다. 또한 홈페이지를 통한 만남이 그리스도 예수 안에서 같은 믿음을 가진 형제자매들의 관심이고 응원이라고 생각하기에 기쁜 마음으로 대화의 창을 열어 놓을 생각이다.

마지막으로 책이 출판되기까지 곁에서 도움을 주신 많은 분들과 나침반출판사에도 감사드리며, 부족한 자들을 들어 쓰시는 하나님 아버지께 손을 높이 들어 감사를 드린다.

– 천국 길 안내자 / 안양준 목사

망망한 바다 한가운데서 배 한 척이 침몰하게 되었습니다.
모두들 구명보트에 옮겨 탔지만 한 사람이 보이지 않았습니다.
절박한 표정으로 안절부절 못하던 성난 무리 앞에 급히 달려 나온 그 선원이
꼭 쥐고 있던 손바닥을 펴 보이며 말했습니다.
"모두들 나침반을 잊고 나왔기에… "
분명, 나침반이 없었다면 그들은 끝없이 바다 위를 표류할 수 밖에 없을 것입니다.

우리는 삶의 바다를 항해하는 모든 이들을 위하여
그 나침반의 역할을 하고 싶습니다.
우리를 구원하신 위대한 주 예수 그리스도를 널리 전하고 싶습니다.

"하나님은 모든 사람이 구원을 받으며
진리를 아는 데에 이르기를 원하시느니라"
(디모데전서 2장 4절)

그를 기억하리라

지은이 | 안양준 목사
발행인 | 김용호
발행처 | 나침반출판사

제1판 발행 | 2021년 10월 1일

등 록 | 1980년 3월 18일 / 제 2-32호
본 사 | 07547 서울특별시 강서구 양천로 583
블루나인 비즈니스센터 B동 1607호
전 화 | 본사 (02) 2279-6321 / 영업부 (031) 932-3205
팩 스 | 본사 (02) 2275-6003 / 영업부 (031) 932-3207
홈 피 | www.nabook.net
이 멜 | nabook365@hanmail.net
일러스트 제공 | 게티이미지뱅크

ISBN 978-89-318-1627-3
책번호 가-9085

값은 뒤표지에 있습니다.